暨南大学2014年本科教材资助项目
（青年教师编写教材资助项目）
项目编号：55640015

国务院侨务办公室立项
彭磷基外招生人才培养改革基金资助

笃行华文·专业汉语系列

刘晓梅 编著

应用现代汉语词汇学

暨南大學出版社
JINAN UNIVERSITY PRESS

中国·广州

图书在版编目（CIP）数据

应用现代汉语词汇学/刘晓梅编著. —广州：暨南大学出版社，2018. 10
（笃行华文. 专业汉语系列）
ISBN 978 – 7 – 5668 – 2267 – 3

Ⅰ. ①应…　Ⅱ. ①刘…　Ⅲ. ①现代汉语—词汇学　Ⅳ. ①H136

中国版本图书馆 CIP 数据核字（2017）第 290096 号

应用现代汉语词汇学
YINGYONG XIANDAI HANYU CIHUIXUE
编著者：刘晓梅

出 版 人：徐义雄
策划编辑：杜小陆
责任编辑：杜小陆　王雅琪
责任校对：苏　洁
责任印制：汤慧君　周一丹

出版发行：暨南大学出版社（510630）
电　　话：总编室（8620）85221601
营销部（8620）85225284　85228291　85228292（邮购）
传　　真：（8620）85221583（办公室）　85223774（营销部）
网　　址：http：//www. jnupress. com
排　　版：广州良弓广告有限公司
印　　刷：佛山市浩文彩色印刷有限公司
开　　本：787mm × 960mm　1/16
印　　张：11. 5
字　　数：230 千
版　　次：2018 年 10 月第 1 版
印　　次：2018 年 10 月第 1 次
定　　价：46. 00 元

总　序

“笃行”一词见于《礼记·中庸》：“博学之，审问之，慎思之，明辨之，笃行之。”作为治学或者学习活动的最后一个阶段，“笃行”意味着只有知识付诸实践才是一次学习活动的真正完成，也只有能够付诸实践的知识才是真正的知识。本书系命名为“笃行华文”，兼有上述两种意思。

就作为第二语言的汉语教学而言，它的直接目的是学生汉语综合能力的养成和提高。服务于这个目标，我们一方面重视教材、教法的实践性，另一方面也充分认识到，在学习活动中，知识内化为能力和自觉的意识是一个复杂的、多重因素共同作用的过程。而且，越是到高级阶段，所需仰赖的纯语言学意义的知识的比例便越小。因此，本书系拟分为两大类四个系列。其中，语言技能系列、专业汉语系列旨在培养学生的基本汉语技能以及在某一领域（譬如商务活动、酒店旅游、汉语教学等）内运用汉语的能力；文学文化系列、课外读物系列主要针对中高级汉语程度的学生，强化其在跨文化交际活动中以文化行事的能力。就后一大类而言，它和坊间同类书籍的最大区别在于，它尤为重视培养学生的文化能力或以文化行事的能力，而不是单纯的知识学习、文化体验。

“忠信笃敬”是暨南大学所恪守的校训，“笃行”之意包含于其中；“忠信笃敬、知行合一、自强不息、和而不同”的暨南精神，更说明了暨南人对科学的实践精神的自觉承担。华文学院是暨南大学面向海外及港、澳、台地区开展华文教育、对外汉语教学和预科教育的国际化专门学院。学院师资力量雄厚，人才培养体系完善，学习条件优越，生活环境舒适。半个世纪以来，华文学院共培养了十万余名学子，遍及全球五大洲，桃李满天下。目前，华文学院已经成为位于中国南方的，集科学研究、教材研发、人才培养、师资培训于一体，在国内外享有盛誉的华文教育及对外汉语教学重地，每年都有来自全球几十个国家和地区的数千名学生入读华文学院。2012 年，暨南大学华文教育研究院的成立，标志着华文学院的发展跨上了新的台阶。目前，华文教育研究院正在研发的华文水平测试、华文教师资格认证，以及各国别华文本土化教材的编写，都将为世界华文教育事业、汉语国际推广事业做出重要贡献。

笃行华文书系以华文学院强大的师资力量、完善的课程体系和丰厚的教学实践经验为依托，所收入教材都是编写者在自身所承担课程的多轮讲授过程中积累、酝酿而出的。可以说，它出自经验丰富、学养深厚的一线教师之手，是华文学院汉语教学类课程建设的有机组成，具有极强的实战性、针对性，因此也必将对汉语学习者语言能力的提高有所助益。

暨南大学出版社是国务院侨务办公室主管、暨南大学主办的综合性大学出版社，多年来坚持“为教学科研服务，为侨务工作服务”的出版宗旨，尤其注重华文教育和传统文化类图书的开发，其中由暨南大学华文学院主编的《中文》和由北京华文学院主编的《汉语》教材全球发行量已超一千万册，是海外发行量最大的华文教材，受到海内外华文学习者的广泛赞誉。笃行华文书系是华文学院与暨南大学出版社的又一次合作。我们相信，在双方的共同努力下，笃行华文书系一定能够坚定地、持续地走下去，走出属于自己的一片天地！

笃行华文书系编委会

2013 年 5 月于暨南园

前　言

为了适应暨南大学华文学院华文教育专业培养海外华语师资的需求，我们编写了本教材。“应用现代汉语词汇学”，顾名思义，其属于语言学中的汉语词汇学教材。

本教材适用于具有高级和高级以上汉语水平的留学中国的华裔学生，或在海外从事华语教育的函授本科生、研究生，也适用于国内汉语国际教育专业的本科生。教材共15讲，需30个学时。每一讲都涉及汉语词汇的本体知识，以及相应的汉语词汇教学方法、技巧。任课老师可根据具体的教学时间来调整知识点的数量和练习的难度。

本教材有三个特点：

一、通俗易懂

无论是语言表达还是知识的表述方式都通俗易懂，尽量让学生容易理解、接受。比如：用大量的例子来说明词汇学的定义、规律。再比如，对于《现代汉语词典》或其他词典的释义和例证，我们都从对外汉语教学的角度加以修改。

二、从对外汉语词汇教与学的需求出发选择词汇知识点

本教材的学科知识不追求系统全面，而是强调把汉语词汇学知识跟汉语词汇的学习、教学应用结合起来，从对外汉语词汇教和学的角度选择相关知识点。比如对现代汉语语素的分类，在功能方面，本教材只介绍了成词与不成词这一种分类。

这样取舍，并不是说要放弃学科知识的丰富性。相反，在学生的汉语教学实

践过程中，我们看到了太多的因为学生对词汇本体知识掌握不够而造成理解偏差的例子。所以我们设置了丰富的知识点，有了足够的知识储备，才能知其然，并且知其所以然。

三、突出应用性

本教材注重学以致用。一方面，通过大量的课后练习来强化学生对词汇本体知识的理解。另一方面，通过各种案例帮助学生了解、尝试解决汉语学习过程中的词汇问题。本教材每一讲都包含了教学要点这一环节，让学生能够从汉语词汇本体知识上升到对外汉语词汇教学实践当中来。

刘晓梅

2017 年 1 月 15 日

目　录

总　序　/1

前　言　/1

第一讲　现代汉语里的词、语素和固定短语　/1
第二讲　现代汉语词汇的特点　/8
第三讲　词语的意义及教学要点　/13
第四讲　语素义和词义之间的关系及教学要点　/26
第五讲　词语释义及教学要点　/35
第六讲　现代汉语语义场及教学要点　/44
第七讲　同义词辨析及教学要点　/52
第八讲　同音词、同形词、异形词、异名词及教学要点　/61
第九讲　现代汉语词汇的构成及教学要点　/69
第十讲　汉语熟语及教学要点　/84
第十一讲　词语偏误及教学要点　/100
第十二讲　汉外词汇对比与教学要点　/119
第十三讲　汉语词汇与文化及教学要点　/129
第十四讲　词汇教学的原则和技巧　/142
第十五讲　常用汉语词典简介　/153

附录：参考答案　/164

参考文献　/173

第一讲　现代汉语里的词、语素和固定短语

现代汉语里的“啡”“观”是词吗？
可不可以说：现代汉语里一个字就是一个词？
“暨南大学华文学院”是词吗？

一、现代汉语里的词

现代汉语里的词是什么样的？我们先看下面三个句子：

①I like to drink coffee.（英语）
②Saya suka minum kopi.（印度尼西亚语）
③我喜欢喝咖啡。

例句①和②里每一个成分都是独立的，我们能将句子区分为一个一个的词。但例句③中的每一个字都不能视为独立的成分，也不能作为词。这是因为：

首先，“咖啡”一词不能分开来使用。“咖”“啡”二字虽然有自己的语音，但不能独立地表示为一个意义，两个字必须放在一起使用，所以不能说“咖”“啡”是两个有意义的词。可见，汉语里的词，首先是有独立的意义，这个意义与一定的语音形式结合在一起。汉语中还有许多这样的情况，比如“窈窕、玲珑、伶俐、可可、沙发、可口可乐”等。这就是第一个要注意的地方：一个词要有独立的音和义。

其次，不能说“喜”是一个词、“欢”是一个词，因为它们都不能单独使用，也就是说它们不能独立出现在句子里作句子的一个成分。比如我们不能说“我喜做汉语老师”或“我欢小朋友”。虽然“喜”“欢”都有独立的音和义，但它们不能独立出现在句子中，一定要结合在一起使用。再比如：“春、民、视、军”，它们都是有意义

的，但必须和其他的字组合在一起使用，如“春天、人民、电视、军队”等。这就是第二个要注意的地方：词必须是可以独立使用的。

满足了这两条，是否就可以成为一个词了？不一定。再看下面的句子：

④我爱美丽的祖国。

⑤这里有许多印度尼西亚学生。

这两个句子里“美丽的祖国”和“印度尼西亚学生”不能看作词，因为它们不是最小的独立成分，这两句还可以再分为“美丽”“的”“祖国”“印度尼西亚”“学生”这五个词。这就是第三个要注意的地方：词是最小的语言单位。

总的来看，现代汉语里的词要满足三个条件：有独立的音和义、可独立使用、是最小的语言单位。所以，我们给现代汉语里的词下的定义是：词是音和义结合的可以独立运用的最小语言单位。

二、现代汉语里的语素

（一）语素的定义

“阳光、上学、美好、作业”这四个词可以拆分出八个有意义的成分：“阳、光、上、学、美、好、作、业。”这八个成分各有自己独立的音，且不能再进行拆分，它们已经是最小的了。这些最小的有语音、有意义的成分就是语素。我们给语素下的定义是：语素是语言中最小的音义结合体，是构成词的单位。语素又叫作词素。

语素的“最小”和词的“最小”是不一样的概念。词的“最小”是说在“可以独立运用”的语言成分中，词是最小的，并不是说词在任何情况下都是最小的。而语素的“最小”说的是它作为一个音和义结合的成分是最小的。我们举个例子来比较一下。“重视”是一个词，放到句子里它就不可以再拆分了，比如下面这个句子：

⑥老师很重视我们的语音。

“重视”在这个句子中就不能再拆分为两个成分了，必须放在一起来表达一个独立且完整的意思。但如果把这个句子拆分成语素的话，就可以分成“老、师、很、重、视、我、们、的、语、音”。这就是最小的具有语音和意义的成分。

（二）确定语素的方法

确定语素最常用的方法是同形替换法，以“老人”和“马虎”为例：

老人	老汉　老爷　老练
汉人	
男人	
好人	

这说明“老人”中的“老”和“人”是可以被替换的，所以“老”“人”是两个语素。概括地说，在词AB的两个成分A和B中，如果A可以被替换，表明B是有独立意义的语素；如果B可以被替换，表明A是有独立意义的语素。

替换的时候要注意，只有当替换后的成分与原来的成分存在某种意义联系时才可替换，比如下面对“马虎”的替换是不对的：

马虎	马车
猛虎	

“猛虎”的“虎”显然和“马虎”的“虎”没有任何意义上的联系，“马车”的“马”和“马虎”的“马”同样也没有意义上的联系，所以“马虎”只是一个语素。

（三）成词语素和不成词语素

像“我、走、分、灯、话、谁、门、龙、把、不、的、吗、还、被、了、就、呢”等，都可以独立放在句子中使用，都是成词语素。例如我们可以说“灯亮了。”“你走吗?”“把钱还给我!”等，这三个句子里的每一个成分都是一个词。这些都是成词语素。

像“脖、苍、昌、畅、诚、承、驰、迟、齿、赤、崇、触、匆、旦、蹈、惰、范、妨、吩、讽、抚、咐、甘、恭、躬、贡、固、规、轨、洪、幻、伙、击、机、基、纪、际、简、匠、杰、巾、颈、巨、拒、惧、康、抗、况、愧、阔、力、历、厉、励、另、陆（lù）、律、馒、芒、明、默、宁、奴、诺、偶、佩、迫、魄、器、切（qiè）、茄、然、申、慎、史、示、式、势、柿、适、室、逝、释、誓、首、舒、思、颂、态、坦、体、童、伟、卫、位、武、析、习、媳、喜、纤、贤、详、协、型、寻、迅、亚、央、妖、业、医、忆、异、易、意、优、愚、预、院、孕、责、择、召、知、址、注、纵、阻、~们（你们）、~性（酸性）、~者（读者）、~员（运动员）、~家（画家）、老~（老虎）、阿~（阿姨）、~子（兔子）、~儿（花儿）、~头（木头）”等，都不能独立出现在句子里。例如我们不能把“他是个很伟大的人”说成“他是个很伟的人”，但可以说成“他是个伟人”，因为“伟”不能独立出现在句子里，只能和“大、人”等合在一起使用。这些都是不成词语素。

所以，从功能上看，根据能否独立作为一个词来使用，语素可以分为成词语素和不成词语素。

说到这里，我们就可以回答前面方框里的第一个问题“现代汉语里的‘啡’‘观’是词吗?”答案是都不是词。“观”是不成词语素；“啡”既不是词也不是语素，因为它本身没有意义。

（四）单音节语素、双音节语素、多音节语素

根据音节的数量我们可将音节分为：

（1）单音节语素：“我、你、来、回、美”等。

（2）双音节语素：“伶俐、徘徊、珊瑚、蝴蝶、蝈蝈、猩猩、葡萄、吉他、咖啡、马虎、轰隆”等。

（3）多音节语素：“巧克力、奥林匹克、厄尔尼诺、布尔什维克、（酸）不溜丢、（黑）不溜秋、（傻）了吧唧、（白）不龇咧”等。

双音节语素大多是联绵词、音译外来词。多音节语素主要是音译外来词，其次是形容词的衬音成分。

三、现代汉语里的固定短语

（一）短语的定义

像“大学老师、我的笔记本、三心二意、走马观花”这样，比词长但又不是句子的语言单位，就是短语。其中“大学、老师、我、的、笔、记、本、三、心、二、马、花”是成词语素，也是词；“意、走（这里是‘跑’的意思）、观”是不成词语素。所以我们给短语下的定义是：

短语是由两个或两个以上的词或不成词语素组合而成的、功能上相当于词的语言单位。短语也叫词组。

不成词语素、词、短语三种语言单位之间的关系可以表示为：

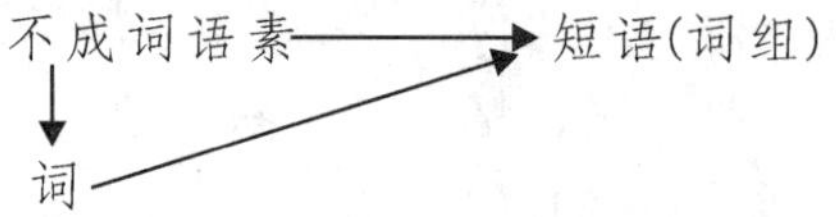

（二）自由短语、固定短语

短语包括自由短语和固定短语。自由短语是可以自由地组合在一起也可自由地分开的短语，如："北京的春天""我的梦""最美的校园"。固定短语是固定地结合在一起，一般不能随意拆开使用的短语，包括专有名称、行业词语和熟语。专有名称是指人名、地名、机关团体名、节日名；行业词语是不同学科、行业、领域里使用的特有的词语。固定短语当中的专有名称、行业词语只指那些用复杂的形式表达的较长的名称，如"中华人民共和国""暨南大学华文学院""现代汉语词汇""人民英雄纪念碑""安溪铁观音""鸦片战争""经济适用房""联合国教育、科学及文化组织(UNESCO)""犯罪嫌疑人""轨道交通""方程式赛车""五一国际劳动节"等。

四、汉字同词与语素的区别

我们先来说说字是用来干什么的。字本身不是语言，它是用来记录语言的。嘴里说出来的是语言，我们可以用字把语言记录下来，就像上课记笔记一样，把词、句子记录下来。词、语素是语言系统的单位，字是书写符号系统的单位，所以不能说字就是词，不能说一个汉字就是汉语里的一个词，也不能说一个汉字就是一个语素。

汉字和汉语里的词有一定的对应关系。有的情况是，一个汉字记录一个单音节词，比如"天、人、手、来、抬、苦、唉、啊、了、吗"等。有的情况是，两个、三个汉字合起来记录一个词，比如"知道、电脑、手机、金鱼、眼镜、起来、心疼、自己、马虎、蛋炒饭、共和国、手抓饼、笔记本"等。

汉字和汉语语素也有一定的对应关系，可参考第二讲。

五、词汇教学要点

对外汉语词汇教学中要重视辨别汉语语素是不是独立成词。有许多语素不能独立作为一个词来使用，需要在教学时及时指出。教师可以专门供外语学习者使用的汉语词典作为参考。比如《商务馆学汉语词典》(商务印书馆2007年版）对不成词语素标注了"(素)"，并用例子来表明其必须和其他语素合在一起使用，如：

谤 bàng（素）假造事实攻击别人，说别人的坏话。

□谤：诽谤 fěi bàng

褒（素）夸奖，表扬（和"贬"相对）。

曝（素）曝光。

再如《汉语教与学词典》（商务印书馆2011年版）还增加了不成词语素在词中的词性表现，如：

广：②[形素] 数量多▷我们要~交朋友｜不要在大庭~众（有很多人的公开场合）之下做一些不文明的事情。

③[动素] 扩大▷公司正在推~这种产品。

害：②[形素] 能造成不良后果的；有害的（跟"益"相对）▷要消灭~虫｜麻雀不是~鸟｜抽烟的~处有很多。

⑤[动素] 产生（不安的心理）▷在陌生人面前她有些~羞｜不要~怕困难。

礼：①[名素] 社会或民族的道德、行为的准则▷大家都喜欢懂~貌的孩子｜我有事要先走一步，失~了。

②[名素] 为表示纪念、庆祝或敬意而举行的仪式▷参加朋友的婚~｜学校今天举行毕业典~｜烈士的葬~非常隆重｜~堂里正在举行新年联欢会。

思考与练习

1. 选择题。

（1）以下全都属于成词语素的是（　　）

A. 准、言、目、博　　B. 拍、井、阳、察

C. 欢、喜、古、痛　　D. 快、人、小、来

（2）"小孩儿喜欢印度尼西亚的葡萄"这句话里包含了几个语素、几个词（　　）

A. 7个语素、5个词　　B. 10个语素、10个词

C. 8个语素、5个词　　D. 10个语素、8个词

2. 填空题。

（1）词是音和义结合的可以__________的最小语言单位。

（2）语素是语言中__________的音义结合体，是构成词的单位。

（3）同学、北京的春天、老人、一家酒店、看见、打听、三心二意、教室、啊、狗拿耗子——多管闲事、根本、暨南大学、从来、蛋炒饭、不、美丽的校园、唉、许多问题、快点儿走、啥、丑

词包括______________________________

自由短语包括__________________________

固定短语包括__________________________

（4）学、习、写、字、劳、动、记、飞、翔、力、甘、甜、诉

成词语素包括____

不成词语素包括_______________________________________

3. 问答题。

可不可以认为一个汉字就是一个词？

课后小结

现代汉语里的词是什么样的？

现代汉语里的语素是什么样的？

成词语素和不成词语素分别是什么样的？

现代汉语里的短语是什么样的？

第二讲　现代汉语词汇的特点

能不能说“现代汉语词汇就是由一个一个的词构成的”？现代汉语词汇有哪些特点呢？

一、词汇的定义

天、小、自己、老师、祖国、走、但是
暨南大学、立定跳远、三心二意、捅马蜂窝、哑巴吃黄连——有苦说不出

上面两行文字第一行是词，第二行是固定短语，它们都是词汇的成员。我们给词汇下的定义是：词汇是一种语言的词和固定短语的集合体。

我们不能把“词汇”简单理解成“词”的集合体，它还包括固定短语。这是因为固定短语在结构和意义上是固定的，我们用它们来造句时可以直接拿来使用，它们跟词一样也是汉语中像砖、瓦、石头、木头一样的建筑材料，是词汇中数量巨大、不可缺少的组成部分。

二、现代汉语词汇的定义

现代汉语词汇指的是 1919 年“五四运动”以后近 100 年里使用的汉语词汇。

现代汉语词汇的数量有 60 000 ~ 70 000 条。如果想了解现代汉语词汇的面貌，可以查阅第 7 版的《现代汉语词典》（商务印书馆 2016 年版）。

三、现代汉语词汇的特点

（一）复音节词比例大、双音节化趋势突出

从音节的角度来看，现代汉语词汇以复音节词（双音节词和多音节词语）为主，

约占80%。词汇量越大，复音节词所占比例就越大。复音节词中，双音节词约占60%。

在现代汉语时期，词语双音节化的方式主要是把多音节词压缩成双音节词。一般取多音节词中的两个成分作代表，这就让语言表达更加简洁。实际上，这是语言的经济原则（用最少的语言材料来表达更多的内容）在起作用。如：

超级市场→超市，国有企业→国企，彩色电视机→彩电
电子邮件→电邮，高等数学→高数，暨南大学→暨大

（二）单音节词在使用频率上有很大的优势

在使用频率方面，单音节词占有很大的优势，而且在高频词语中单音节词更占优势。根据2008年商务印书馆出版的《现代汉语常用词表（草案）》统计，排在前100位的高频词中，单音节词有82个，而且越是常用词，单音节词的使用频率越高。另据统计，在口语中，单音节词平均使用频数是253.02次，四音节词语的使用频数约为2.02次。在同等长度的书面语语料中，词汇平均使用频数低于口语语料，但表现出同样的变化趋势：从单音节词的116.63次降低到四音节词的2.92次。[①]

（三）少量的语素构成大量的合成词

现代汉语语素有10 000个左右。语素的构词能力是不一样的，少量的常用语素构造出了大批的合成词（由两个或三个语素构成的词），而大量的语素只构造出了一小部分合成词。下面是构词数在前十位的语素（后面括号中的数字是构词数）：子（1 032）、儿（754）、不（696）、人（574）、大（498）、心（455）、一（444）、头（391）、水（368）、气（355）。例如由“大”构成的合成词有“大学、大量、大胆、极大、大力、大人、大体、长大、大龄、大批、大家、大半、大都、大多、大概”等。所以汉语中会有大量的含有相同语素的同语素词。

（四）语素义对词语的意义有明显的提示作用

语素义就是语素的意义。现代汉语中大多数合成词（两个语素构成的词）的意义可以从其语素义推测出来，如“水灾、影星、山脚、树根、天边、缩小、少量、无知”等。但不能简单地认为，只要了解了语素的意义就可以明确地知道词语的意义，比如我们知道“风”“衣”两个语素的意义，但不能简单地认为“风衣”就是“挡风的衣服”，因为这种比较大的外衣既可以挡风又可以挡雨，又叫“风雨衣”；“风水”

① 此数据引自邓耀臣、冯志伟：《词汇长度与词汇频数关系的计量语言学研究》，《外国语》2013年第3期，第29－39页。

不是“风”和“水”的意义的简单相加，而是指房子、坟地等的位置、方向和周围环境等情况。可见，很多词我们无法从其语素义得出准确的意义，但语素义可以帮助提示词义。所以不能简单地认为：只要知道每一个语素的意义，就可以明确地知道每一个词语的意义。

（五）同音词和同义词数量多

汉语音节数量有限，大约只有1 300个可以辨别的音节。音节有限，但要表达的意义是无限的，这就使得汉语中有大量的同音词，尤其是单音节的同音词较多。如：稻米的“米”和长度单位“米”；“鱼”和渔业的“渔”。说到lù这个音节，我们会想到常用的“路、录、露”等词。多音节的同音词也不少，比如：视力—势力、著名—注明、世事—逝世、财务—财物、成心—诚心、创见—创建、处事—处世、不力—不利、不齿—不耻、变换—变幻、标致—标志。

现代汉语中至少有6 000组同义词，同义词的总数约占现代汉语词汇的三分之二。[①] 比如：美—美丽—靓丽—好看—漂亮、春天—春季、很—非常、即—就是、立刻—立即—马上、要是—如果—假如—假若、审查—检查、死—死亡—逝世—去世等。

同义词还可以再分成近义词和等义词，前面说的是近义词，下面再看看等义词。现代汉语里有大量的表达同一事物、现象的等义词语，比如：头—脑袋—脑袋瓜—脑袋瓜子、眼球—眼珠—眼珠子、桃儿—桃子、妈—妈妈、爸—爸爸、北京—京、中华人民共和国全国人民代表大会—全国人大、剪刀—剪子、自行车—单车、的士—出租汽车、维他命—维生素、麦克风—扩音器、马达—发动机、马铃薯—土豆、收银台—收款台、星期天—礼拜天、代替—替代、相互—互相、讲演—演讲等。

（六）词汇与非词汇单位界限不清[②]

例如“视”，一般不能独立成词，要跟其他语素构成合成词才能独立用来造句，如“视频、忽视、电视、轻视、仰视”等。但在“具体怎么做，要视情况而定”这个句子里，却可以作为一个词来用。词和不成词语素因为使用的情况不同而界限不清。再如“松树、蓝天、好人、建成、蛋炒饭、公开课、男朋友、事实上”等，有学者认为它们是短语，有学者认为它们是词，词和短语的界限不清。又比如“公共场所”，它不像固定短语那样结构稳定，但“公共”与“场所”结合在一起使用的频率的确很高，固定短语与自由短语的界限有时也并不清晰。

---

① 这两个数据引自张志毅、张庆云：《词汇语义学》，北京：商务印书馆2005年版，第65页。

② 见刘中富：《现代汉语词汇特点初探》，《东岳论丛》2002年第6期，第138－142页。

四、词汇教学要点

对外汉语词汇教学中要重视现代汉语词汇的特点。

从第一、二个特点来看，我们要重视双音节词和单音节词的教学。

从第三、四个特点来看，由于汉语中有大量的含有相同语素的同语素词，所以要重视语素义的展示，同时还要把语素和同语素词适当联系起来，以语素带动词，反过来再通过多个同语素词来突出语素的意义。通过这种方式就可以帮助学生理解合成词的意义，帮助其积累词汇。但要注意，不能把语素的作用绝对化，对语素义的理解不能代替对词义的理解。大多数的词义还是要通过整词教学来促进理解。

还有一点要注意，就是展示同语素词来帮助扩展词语时，要分清同一个语素的不同意义。比如学生学了“暑假”这个词，串联其他词时，下面两种处理方式哪一种比较好呢？

处理方式一：寒假　病假　事假　假期　假日　放假　请假　休假

处理方式二：寒假　放假　假期　假日　休假

请假　病假　事假

第一种处理方式未能区分“假”这个语素的不同意义，第二种处理方式用分行的方法将意义区分开了，显然第二种方式较为恰当。

从第五个特点来看，教学中要重视同音词的辨析，避免同音词混淆，这部分内容可以参考第八讲。近义词是教学中要特别注意辨析的，这一部分内容可参考第七讲。对于等义词，要根据常用性来选取，我们可以依据《汉语国际教育用音节汉字词汇等级划分：国家标准（应用解读本）》[①] 中的“词汇”部分来确定，这个词汇表就是按照常用性来选取词语的。

从第六个特点看，由于词汇与非词汇单位很多时候界限不清，较难给词下一个完美的定义。但从对外汉语教学的角度来讲，可以从以下两点确定教学所需的词汇范围：一是可以把“松树、蓝天”这样的双音节词、“男朋友、女朋友”这样的三音节词当作方式词来处理，可以把“公共场所”这样的四音节短语按固定短语来处理，因

① 中国国家对外汉语教学领导小组办公室、教育部社科司《汉语国际教育用音节汉字词汇等级划分》课题组编：《汉语国际教育用音节汉字词汇等级划分：国家标准（应用解读本）》，北京：北京语言大学出版社 2010 年版。

为它们有共同的特点，就是结合在一起使用的频率很高，是对外汉语教学中的词汇成员。二是可以把“视”“春”这样的在极少数情况下（书面语里很正式的表达方式）可以独立使用的词语看作不成词语素。

思考与练习

1. 选择题。

（1）词汇所包括的成分是（　　）。

A. 语素和词　　B. 词和自由短语

C. 词和固定短语　　D. 词和短语

（2）现代汉语普通话词汇有明显的（　　）音节化趋势。

A. 单　　B. 双　　C. 三　　D. 四

（3）在使用频率上，（　　）音词占有一定的优势，而在高频词语中，（　　）音节词更占优势。

A. 单　　B. 双　　C. 三　　D. 四

（4）现代汉语语素义对词语的意义起到的作用是（　　）。

A. 完全表达词义　　B. 明显的提示作用

C. 没有提示作用　　D. 提示作用很小

2. 请说说下面句子中的词语使用问题。

（1）校长正在视各个班级。

（2）老师已经把活动安排说得很详了。

（3）这里夏不太热，因为雨下得多。

（4）这种手机操作非常简。

（5）我的手机丢了，于是在楼下贴了一张寻物启示。

（6）这件事对我的启事就是：不要太自信。

（7）我是去年申来中国留学的。

3. 根据“亲”的意义的不同，下列词语可以被分成几组？

亲人、亲自、亲口、亲友、亲耳、亲属、亲眼、亲朋、亲笔、亲爱、亲手、亲生、亲密

4. 请你写出包含“家”的词语，再试着给它们分类。

课后小结

了解词汇是由词和固定短语构成的。

了解现代汉语词汇的特点。

第三讲　词语的意义及教学要点

小李急匆匆地跑过来，气呼呼地说："谢谢你昨天帮我复习，要不然今天我一定考不好。"

他们俩正在磋商去欧洲旅游的事儿。

你好！老头子，请问去暨南大学怎么走？

广州经济发达得太快了，五年过去了，我都认不出广州了。

以上句子中有没有词义理解和使用不恰当的地方？

一、词义的定义

【便宜】价钱低。

【漂亮】好看，出色。

【断码】商品的号码不全。

【逝世】人死（用于尊敬的人，书面语）。

【世事】人间的事，社会上的事。

上面的例子中，中括号后面的具体内容就是词语的意义，简称词义。我们给词义下的定义是：词义是人们对词所反映的事物的共同理解。

二、词义包含的内容

（一）核心义

什么是核心义？回答之前我们先看看下面的例子：

【毙命】失去生命。（含贬义）

【殉职】（在职人员）工作时失去生命。（含褒义）

【死亡】失去生命。(用于书面语)

【死】失去生命。(多用于口语)

以上画线部分的意义反映了不同情况下“失去生命”这个意思，这就是核心义，我们给核心义下的定义就是：词义中表达的最重要的那部分内容叫作核心义，也叫理性义、概念义、中心义、指称义、客观义、主要意义。

（二）附属义

上面4个词义都反映了不同情况下的“失去生命”，但是“毙命”是从不好的语境去反映的，也就是括号里的内容“含贬义”；“殉职”是从好的语境去反映的，也就是括号里的内容“含褒义”；“死亡”没有好与坏的区分，但它强调用于书面语；“死”强调用于口语。这些都属于附属义。

附属义是附加在核心义之上的各种意义特征，是核心义之外的意义。这里要注意的是，不是所有的词语都有附属义。

附属义有多种，这里介绍与词汇教学关系密切的三种附属义：

1. 情态附属义

情态附属义指的是附加在核心义之上的爱憎好恶等的情感、态度和评价倾向。如下面画线的词语两两比较时会体现出情感、态度、评价上的差异：

你别净说假话，做人要诚实。(中性义)

你别净胡说八道，做人要诚实。(贬义)

他们在比赛中表现出强烈的团队精神。(中性义)

他总是爱表现自己，所以没有人喜欢他。(贬义)

你走吧！(中性义)

你滚吧！(贬义)

你这个坏人。(中性义)

你这个坏蛋。(贬义)

李市长上任后，搞了许多工程。(中性义)

李市长上台后，搞了许多工程。(贬义)

见到他的模样我就讨厌。(中性义)

见到他的嘴脸我就讨厌。(贬义)

他是一个富人。(中性义)

他是一个土豪。(贬义)

他是个爱喝酒的人。（中性义）
他是个酒鬼。（贬义）
他是个爱抽烟的人。（中性义）
他是个烟鬼。（贬义）
你是我最爱的人。（中性义）
你是我的心肝儿。（褒义）

情态附属义通常可用褒义、贬义来概括。褒义包括喜欢、赞美、喜爱、亲近、赞同、尊敬等肯定的倾向。贬义包括厌恶、贬低、排斥、轻蔑、反对、讥讽、戏谑、斥责、骄傲、詈骂等否定的倾向。大部分词语既不表示肯定，也不表示否定，属于中性义，中性义不属于情态附属义，但通常可与褒义或贬义进行比较。

如何判断词语的情态附属义呢？一方面，要看这个词语是不是在附属义上有情态色彩义，像“坏人、英雄、善良、诚恳、慈爱、热情、喜悦、谦虚、温柔、骄傲、冷淡、悲伤、凶恶、厌恶、仇恨”这些词属于核心义，本身就包含了某种感情、态度、评价。另一方面，可以根据词语用在什么人身上来判断：只用在好人、尊敬的人、喜欢的人身上的，就是褒义的；只用在坏人、讨厌的人身上的，就是贬义的。

同一个词的情态附属义也会随时代的不同、方言的不同而不同。比如“策划”的意思是“筹划；谋划”，具有贬义，如“策划了这起谋杀案”。最近二十年来，此词又变为中性的，如“策划影视作品”“企业策划”“文选策划”。再如“奇葩”本来是指奇特而美丽的花，多用来比喻那些美好而与众不同的人或事物，含有褒义，例如：“这篇小说是近来文坛上出现的一朵奇葩。”但近几年这一词在网络语言中含有贬义，例如：“他的衣服几个月才洗一次，真是个奇葩。”又如“肥”，在官话区指人胖时多表贬义，而在非官话区则表中性义。

2. 雅俗附属义

雅俗附属义指的是附加在核心义之上的使用语体、场合、雅俗等的倾向和格调。如：

负债—背债、父亲—爸爸、无论如何—高低、加之—再加上、逝世—死

这些词都存在用于正式或非正式场合、书面或口头的差别。可用于正式场合的词语往往是书面语，具有典雅的色彩。用于非正式场合的词语往往是口语，具有通俗的色彩。书面语、口语是雅俗附属义最集中的体现。比如下面的例子就是典型的

口语词：

啦、呢、嗯、唉、啊、哎哟、嘿、嗨、哎哟、哦、啪、哇、咣；
脖子、脑子、沙子、路子；
看头、来头、奔头、苦头、甜头、前头、里头；
花儿、纸儿、皮儿、棍儿、墨水儿、盖儿、亮儿、打盹儿；
老张、老几、老弟、老爸、老外、老乡、老婆、老小；
赔不是、差不离儿、巴不得、恨不得、酸不拉叽、灰不溜秋、白不呲咧、老大不小

这些都是具有俗的色彩的口语词。下面这些词语每组都有俗、雅色彩的差别：

后妈—继母
脚后跟儿—脚跟
俊、好看—漂亮
挨个儿—逐个、逐一
差点儿—几乎
成天—整天—整日
忙—繁忙、忙碌
担待—原谅—谅解
二百五、傻—愚蠢
哥们儿、朋友—友人
行当—行业—职业
吃饭—进餐
要是、如果—假如—假若、假使

3. 形象附属义

形象附属义指的是词语附加在核心义之上的对事物的形象、色彩、声音等的生动感觉。比如：

形象：汗颜、梯田、蘑菇云、摩天大楼、蜗居、斗室、盆地、刀鱼、拱桥、垂柳、杨柳细腰

色彩：彩霞、银白、雪白、红扑扑、碧海蓝天、黄莺、翠鸟

声音：啊呀、知了、蛐蛐儿、乒乓球、布谷鸟

动态：上钩、蚕食、瓜分、直线上升、转日莲

触觉：冰冷、火热、暖烘烘、硬邦邦、滑溜溜[①]

（三）语法意义

“草”“花”“云”“老师”的核心义是从各种树木、花、云和老师中抽象出来的，但这4个核心义不同。但是，它们有相同的用法，即都是名词，都表示事物，这种更为抽象的意义就是语法意义。再如：“我和你”的“和”表并列关系；“你好吗?”的“吗”表疑问语气；“我吃了饭”的“了”表示“吃”的动作已完成等。语法意义是由词的语法关系产生的意义，是指词在语言表达过程中所起的作用。

三、词义的单位

词义的单位是义位。义位是自由的、语义系统中的最小单位。[②] 其定义与语文词典中的意义分项（义项）大体一致。根据义位的多少，可以把词语分成单义词和多义词，单义词有一个义位，多义词有多个义位。

从发展变化的角度来看，一个词语的多个义位有不同的称呼。

（一）本义、引申义、修辞义

【年】稻谷成熟→（古代每年只收获一次或一季）时间单位，即365天。

【理】对玉进行加工→治理、纹理、条理等。

【克隆】生物体通过细胞进行无性繁殖，复制出遗传性状完全相同的生命物质或生命体→复制（强调跟原来的一模一样）。

【交白卷】考生不能回答试题，把空白试卷交上去→完全没有完成任务。

【惊艳】对女性的美很惊讶→ 对美好的人、事物很惊讶。

【问世】著作等出版→新产品生产出来进入市场。

---

① 这一类的五组例证引自张志毅、张庆云：《词汇语义学》，北京：商务印书馆2005年版，第41页。

② 张志毅、张庆云：《词汇语义学》，北京：商务印书馆2005年版，第14页。

以上的例子中箭头前面的是词最早的意义，后面是从本义直接或者间接引申出来的意义。我们给本义下的定义是有文献记载的词的最早的意义。这里要注意的是本义是最早的意义，而且可通过文献证明其意义。我们给引申义下的定义是在本义的基础上直接或间接发展出来的意义。

修辞义是引申义中的一种，通过修辞方式（主要是比喻、借代）产生的意义。例如下面的例子中本义后面的都是通过比喻产生的修辞义：

【曙光】①清晨的太阳光。②比喻已经看得到的美好的前景：经过近四年的努力，我终于看到了～，要拿到本科毕业证书了。

【门槛】①门框下部挨着地面的横木或石头。②比喻标准或条件：名牌大学～高，多数学生想都不敢想。

【发疯】①精神受到刺激而产生精神病的症状。②比喻说话、做事出乎常情：你～啦，这么热的天，还穿棉衣！

【反弹】①压紧的弹簧弹回。②运动的物体遇到障碍物后向相反的方向弹回。③比喻事物改变发展状态后又恢复到原先的状态：学生作业负担曾经减轻了，但现在又出现了～丨我上个月减肥减了二十斤，可是现在又～了。

【放羊】①把羊赶到野外吃草。②比喻不加管理，让其自由行动：今天老师没来，学生只好～了。

【冷血动物】①体温随外界的变化而变化的动物。②比喻没有感情的人：他是～，从来不会同情别人、关心别人。

下面的例子是通过借代产生的修辞义，又叫借代义：

【江山】①江河和山岭。②多指代国家或国家的政权。

【红娘】①《西厢记》中莺莺的侍女，促成了莺莺和张生的结合。②媒人的代称。

【便衣】①平常人的服装（区别于军装、警服）。②身穿便衣执行任务的军人、警察等。

【白宫】①美国总统居住和办公的地方，在华盛顿，是一座白色的建筑物。②常用作美国官方的代称。

【兵戈】①兵器。②借指战争。

【红领巾】①红色的领巾，代表红旗的一角，少年先锋队员的标志。②借指少先队员。

【菜篮子】①盛菜的篮子。②借指城镇的蔬菜、副食品的供应：经过几年的努力，本市居民的～问题已基本解决。

【乌纱帽】①古代官员戴的一种帽子。②借指官职：我宁肯不要～了，也要把贪官拿下来。

上面这些例子告诉我们，本义和引申义之间大多是有联系的。

（二）临时语境义、固定义

临时语境义指一个词在具体的语言环境中派生出的新的临时意义。固定义是词义当中已经稳定下来的意义。临时语境义脱离语境就不存在了，它的表现形式是旧瓶装新酒。如：

（1）贵州“召回”千名不作为干部，分类“维修”。

（2）上海国资为地产商“输血”70亿元。

（3）距离独子丧生也已经过去了一年多……这个曾经被失独阴影笼罩的家庭，还在寻找“重启键”，新的生活什么时候才能开始呢？

（4）“哈尔滨万元铁锅鱼”之所以在短短几天内迅速发酵，就是因为直接撞上了人们的旅游体验。

（5）经过多年的培育，青岛科技大学涌现出一大批大学生创业典型，已成功孵化企业85家，其中成功孵化并推向社会的有53家，正处于孵化期内的企业有32家。

例（1）中“召回”这个词用来指生产商对有质量问题的商品，无偿修理或收回，消除缺陷或销毁，以消除不良产品对顾客的影响，或降低不良产品对顾客的伤害程度。在这个例子里，用的是词语的临时语境义，即“组织把有问题的干部调回来”。“维修”本来指的是保护和修理（机器、房屋），在这个例子里使用的也是其临时语境义，指的是教育。例（2）中的“输血”比喻提供资金来帮助。例（3）中的“重启键”原指用来重新启动电脑的按键，在这里是指新生活的开始。例（4）中的“发酵”本来是指复杂的有机物在微生物作用下分解，在这里比喻事件被越来越多的人知道。例（5）中的“孵化”本来是指虫、鱼、鸟或其他动物的卵在一定的温度和其他条件下变成幼体，在这里比喻培育中小科技创新企业。

这五个意义如果脱离了相应的语境就不存在了。随着时间的推移，有些临时语境义会转变成固定义。如：

【套餐】成套提供的服务：话费～。
【盘点】清点；回顾：～2013年高考招生。
【朝阳】有发展前途的：～产业｜～工业｜～企业。
【阳光】活泼健康：～女孩｜～男孩｜活得很～。
【重灾区】比喻因某些社会问题而造成重大损失的地区：家电沦为投诉～，售后服务亟待改善｜山煤国际董事长被免职，山西煤企成腐败～。

这些新意义刚刚产生时都是临时语境义，现在看来已经渐渐地走向稳定。

四、词汇教学要点

（一）要让学生真正掌握词义，不要以偏概全，不要望字生义

真正掌握词的意义其实不是一件很容易的事。教师首先要真正理解并掌握词的意义，课堂教学也一定要用恰当的方式传授正确的词义，要不然会误导学生。比如下面四个句子中对画线词语的理解都有问题：

食堂的菜虽然<u>不是滋味儿</u>，但是你一定要吃下去。
他说话很幽默，我<u>笑掉大牙</u>了。①
我们班主任虽然是个<u>老女人</u>，但她很漂亮。
我<u>认识</u>这本词典。

“不是滋味儿”不是说味道不好，而是指心里感觉不舒服、不愉快。“笑掉大牙”是指笑话别人，不是指因为有意思而开口笑。“老女人”虽然指年龄大的女人，但包含贬义。“认识”的对象是人和抽象事物，不用于具体事物。

（二）利用引申关系来帮助理解词义

有些词语的意义发展有明显的联系，给出了基础义，就很容易理解引申义。比如：

【下文】书中或文章中某一句或某一段以后的部分。→比喻事情的发展或结果。
【墨水】墨汁。→借指学问或读书识字的能力。

---

① 此例引自高燕：《对外汉语词汇教学》，上海：华东师范大学出版社2008年版，第152页。

【序幕】某些多幕剧的第一幕之前的一场戏，用以介绍剧中人物的历史和剧情发生的原因，或暗示全剧的主题。→比喻重大事件的开端。

【症结】中医指腹腔内结块的病。→比喻事情弄坏或不能解决的关键。

（三）注重附属义的教学

许多词语之间有着附属义上的不同，比如“脑袋”和“头颅”都是指人的头部，但两个词之间有明显的差异——雅俗色彩义的不同，前一个是口语词，后一个是书面语词，它们使用的语言环境不一样。比如下面句子中画线的词语就用错了语境，三个口语词用在了书面语中：

我们要让华文学院的师生懂得感恩，让每个人都在感恩中过日子。

海外华语教育的需求日益增大，华文学院总算于去年设立了华文教育系。

下面的句子里画线的词在感情色彩义上用错了语境：

劫机的人是位年轻人。

据说当地偷盗现象如雨后春笋一般层出不穷。①

他俩学得都很好，真是一个半斤，一个八两。②

这里的“位”是量词，但它是用于尊敬之人身上的带褒义色彩的词。“雨后春笋”是褒义词，不能和偷盗现象搭配。“一个半斤，一个八两”是贬义的，不可用于形容尊敬之人。

以上两种色彩义在词语运用中起到了非常重要的作用，所以在教学中一定要注意讲解。另外，形象色彩义可以起到帮助人们理解词义的作用，可适当讲解具体的形象。如“摩天大楼”是指迫近蓝天的高楼，“冰冷”是像冰一样冷，“带鱼”是像一条长条形带子一样的鱼，“云海”是像海一样的云（注意提醒学生：不是像云一样的海）。

---

① 此例引自焉德才：《论对外汉语词汇教学过程中的“偏误预治”策略》，《云南师范大学学报（对外汉语教学与研究版）》2005年第6期，第39－43页。

② 此例引自焉德才：《论对外汉语词汇教学过程中的“偏误预治”策略》，《云南师范大学学报（对外汉语教学与研究版）》2005年第6期，第39－43页。

（四）注重词性的教学

词性是词汇的语法意义中最重要的一项，教学时要特别注意提示。有些词语被混淆就是因为没有将它们的词性区分开。如下面画线的词：

一开始开车我们很<u>可怕</u>，教练就带我们在教练场练习开车。
我们<u>愿望</u>双方继续加强华语教育方面的合作。
<u>婚姻</u>那天，她的朋友从北京来到这里，祝她永远幸福。
<u>刚刚</u>我接了一个电话。

这里的形容词“可怕”应该换成动词“害怕”；名词“愿望”应该换成动词“希望”；名词“婚姻”应该换成动词“结婚”；时间副词“刚刚”要换成时间名词“刚才”。

（五）适当合并义项

前面我们提到了词义的单位是义位，语文词典中叫作义项。从对外汉语教学的角度来看，学生很难区分一些差异很小的义项，尽管这些义项在母语者看来很容易区分。我们可以将一些区分度较小的义项合并起来。比如“变”的常用义项有四个：

①跟原来不同；改变：变化 | 变样儿。
②变成：荒地变良田。
③使改变：变被动为主动。
④变戏法、变魔术：戏法人人会变。

①和③的差异小，可以合并成一个义项：跟原来不一样。再比如词典中“工夫”有两个义项：

①时间：他三天～就学会了游泳。
②空闲时间：明天有～再来玩儿吧。

从学习者的角度出发，可以把这两个义项合成一个义项：时间。

思考与练习

1. 请按雅俗色彩的要求填空。

书面语词	通用语词	口语词	书面语词	通用语词	口语词
假若	如果			/	拉肚子、拉稀
	星期	礼拜	即刻、立即	立刻	
/	终于		/	人民	
嘲讽	嘲笑		/	总是	
吝啬	/		从事	/	
	/	死	何其		多
	/	爸爸、老爸		黑	黑咕隆咚
磋商		合计	欺骗、蒙骗	/	
滋事	/		缺少、缺乏	/	
	昨天		女		闺女
期盼		巴不得	/	医生	
	不只	不光	自		自打
打鼾	/		健壮	健康	
花蕾	/		落泪	哭	
	/	估摸	谄媚		溜须拍马
/	难怪		完全		压根儿
	很	怪、挺	否则	不然	
坑害	/		/	小时	钟头
喧哗	叫喊、吵闹		/	认识	

2. 请说说下面句子中的词语使用问题。

（1）老李，你的配偶叫啥？

（2）我给来宾介绍一下。我们学校有 3 000 位学生，50 位老师。

（3）在人的成长过程中，母爱与爸爱都是不可少的。

（4）他是个很幽默的人，他一说话我就笑话。

（5）到了晚上我们都很可怕，我们就在一个房间里睡觉。

（6）我炒的菜虽然不是滋味儿，但是你一定要吃下去，因为我是第一次做菜。
（7）我们班的抄袭现象如雨后春笋一样不断出现。
（8）据报道，奥巴马夫妻将对泰国进行一个礼拜的访问。
（9）这两个运动员跑得都很快，真是一个半斤，一个八两。
（10）一定要秘密，谁都不能告诉。
（11）在人生长的过程中，父母的教育非常重要。
（12）你别拿这样的故事吓我，我有点恐怕。
（13）我的关系比较亲切的同学都准备出国留学。
（14）我想读新闻，可是今天的新闻没有送来，我等得着急了。
（15）我的先辈汉语学得都比我好。
（16）老师对学生的影响非常伟大。
（17）我和他是华文的同学，在一起学了四年，长此以往，我们就相爱了。

3. 请查阅《现代汉语词典》，写出下列词语具体的情态附属义。

黄毛丫头：年幼的女孩子（含__________意）。
老娘：已婚妇女自称（含__________意）。
老子：男性自称（含__________意）。
狗腿子：给有势力的坏人奔走的帮凶（含__________意）。
狗屁：毫无可取的话或文章（含__________意）。
滚：离开（含__________意）。
穷光蛋：穷苦人（含__________意）。
窝囊废：软弱无能的人（含__________意）。
无与伦比：没有人能比得上（多含__________意）。
花里胡哨：形容颜色过分鲜艳复杂（含__________意）。
老于世故：形容有很多处世经验（多含__________意）。

4. 从对外汉语词汇教学的角度分析下面两个义项处理是否恰当。

［作为］处理一：①做出成绩：有所～。②可以做的事：大有～。
［作为］处理二：做出成绩。

5. 查词典，写出下面画线词语在句子里的意思。

（1）他是靠<u>后门儿</u>进的这个单位。要不然，凭他的能力和学历，根本进不来。
（2）真不巧，我来的时候又赶上了上班<u>高峰</u>，一路塞车，真是急死我了。
（3）你别再<u>做梦</u>了，人家一点都不喜欢你，你怎么就是不死心呢？
（4）你太<u>牛</u>了！每门课都 90 多分。

（5）除了对女朋友热情，他对谁都那么冷，所以我们班每个人都不愿意理他。
（6）白宫发言人昨日就恐怖袭击案回答了记者的提问。
（7）找到新饭碗之前，这个破饭碗还不能丢，丢了我就没钱了。
（8）这部电影最吸引眼球的地方就是结尾。
（9）那个小男孩儿长得眉目清秀，漂亮极了。
（10）他肚子里有好多墨水，文章写得可好了！

课后小结

了解情态附属义、雅俗附属义、本义、引申义。

第四讲　语素义和词义之间的关系及教学要点

①操场，就是训练的地方？

②关心，就是把心关上？

③房间，就是房子的一间？

④大衣，就是很大的衣服？

以上这些词的意义能否直接用语素的意义来简单相加呢？

现代汉语词汇有一个特点，就是构词具有一定的理据性，即语素义和词义有密切的关系，为什么用这个语素来表示这个词义，大多是有据可循的。比如“嘴笨”，意思是“不善于说话”，嘴是说话的工具，这是用嘴来代表说话。但是不是所有的词义都可以通过语素义来确定呢？不是。由一个语素构成的单纯词，语素义同词的意义是一致的。由两个或三个语素构成的合成词，词义和语素义的关系比较复杂。有的合成词的语素义和词义的关系比较直接，如“女工”的意思是“女性工人”，“男模”就是“男性模特”。但是有很多合成词的语素义和词义之间的关系是间接的，如“骨肉”并不是“骨头和肉”，而是指“父母、兄弟、子女等亲人”，或引申为“紧密相连，不可分割的关系”；“口齿”并非“嘴巴和牙齿”，而是指“口头表达能力”。还有一些词语的语素义与词义之间已看不出是什么关系了，我们也很难找到其中的联系，从语素义中无法推知词义。这里我们主要就合成词来考察一下其中复杂的关系类型。

一、合成词语素义与词义之间的关系[①]

（一）语素义直接、完全地表示词义

（1）词义等于语素义的和。

---

① 此处按照符淮青的《现代汉语词汇》（北京大学出版社 1985 年版）中的分类。

画家——画画＋擅长的人　　平分——平均＋分配
天灾——自然＋灾害　　师长——老师＋长辈
婚介——婚姻＋介绍　　爱护——爱惜＋保护
父母——父亲＋母亲　　成人——成年＋的＋人
棋艺——下棋＋的＋技艺　　当真——认为＋真的
自恋——自己＋爱恋＋自己　　智商——智力＋商数

（2）两个语素义同义，通过互相补充来表示词义。

都市＝都＝市　　声音＝声＝音
选择＝选＝择　　饥饿＝饥＝饿

这一类的还有“爱好、亲爱、寒冷、良好、聆听、离别、书写、飞翔、躲藏、陈旧、缓慢、洗涤、渺小、居住、购买、销售、美丽、牙齿、语言、朋友”等词。

（二）语素义直接、部分地表示词义

这类词的语素义对理解词义有提示作用，但不能单纯根据语素义来推断词义，比如“黑板”不只是“黑色的板”，而是用木头或玻璃制成的，可以在上面写字的黑色平板。“壁画”也不仅仅是“墙壁上的画”，而是画在墙壁或天花板上的图画。词义的一部分内容是语素义没有显示出来的，这部分内容叫作暗含内容。比如下面的例子中画曲线的部分就是暗含内容：

哀乐＝悲哀的乐曲，专用于丧葬或追悼。
爱情＝未婚男女或夫妻之间相爱的感情。
爱国＝热爱自己的国家。
操场＝进行体育运动或军事操练的场地。
导师＝高等学校和研究机构中指导学生学习、研究和写作论文的老师。
积累＝（事物）逐渐聚集。
积分＝多次参加有记分的活动而积累分数。
认错＝承认自己的错误。
梯形＝形状像梯子的只有一组对边平行的四边形。
鲜货＝新鲜的水果、蔬菜、鱼虾等货物。
学历＝学习的经历，指曾在哪些学校肄业或毕业。

羊肠线 = 羊的肠子做成的线，用于缝合体腔内的伤口。

（三）语素义间接地表示词义

1. 比喻义

所谓比喻，是指用某些有类似特点的事物来比拟想要说的事物，使表达更加生动鲜明，如用“踢皮球”来比喻互相推诿。[①] 这种方式可以细分为三小类：

（1）整个词都是比喻用法。

绊脚石：比喻阻碍前进的人或事物。
死胡同：比喻绝路。
饭桶：比喻只会吃饭而不会做事的人。
心肝儿：对最亲最心爱的人的称呼。
耳目：替人刺探消息的人。
手足：弟兄。
浪潮：比喻大规模的社会运动或声势浩大的群众性行动。
青睐：重视。
甘苦：比喻美好的处境和艰苦的处境。

（2）后面的语素是比喻用法。

帽舌：帽子前面的檐。
安全岛：马路中间供行人穿行时躲避车辆的地方。
云海：从高处往下看时，平铺在下面的像海一样的云。
浪花：波浪激起的四溅的水。
人蛇：偷渡的人。
人海：像汪洋大海一样的人群。

（3）前面的语素是比喻用法。

螺纹：手指或脚趾上的纹理。

---

① 这里没有区分是比喻造新词还是比喻造新义。下面的借代义也是如此。

海量：很大的酒量。
铁汉：坚强的人。
带鱼：鱼，体长侧扁，形状像带子，银白色，全身光滑无鳞。
蝶泳：游泳的一种姿势，双臂划水后须提出水面再向前摆去，形似蝶飞。

2. 借代义

所谓借代，就是不直接把人或事物的名称说出来，而用跟它有关系的另一种事物的名称代替它，如用“白领”代替从事脑力劳动的人。这种方式可细分为三小类：

（1）整个词都是借代用法。

眉目：泛指容貌。
须眉：男子。
山水：泛指有山有水的风景。
裙钗：借指妇女。
蓝领：从事体力劳动的人。
白宫：常用作美国官方的代称。
铁窗：借指监狱。
大团结：面值十元的人民币。
茅台：茅台酒。
口舌：指劝说、争辩、交涉时说的话。

（2）前面的语素是借代用法。

口音：说话的声音。
嘴笨：不善于说话。
嘴甜：说的话使人听着舒服。
嘴快：有话藏不住，马上说出来。
口才：说话的才能。

（3）后面的语素是借代用法。

卖嘴：耍嘴皮子。指算命、卜卦、讲课等依赖口才的营生。

扒手：从别人身上偷窃财物的人。

（四）某一语素义完全不表示词义

词义是其中的一个语素义，另一个语素义模糊或失落。例如：

南瓜：又叫倭瓜、番瓜等。其中“南”的语素义模糊。
睡觉：“觉”是“醒悟”的意思。
反水：叛变。“水”的原义无表现。
船只：“只”的原义无表现。

这几例都是其中的一个语素义失落了。这样的还有“忘记、国家、云彩、兄弟、好歹（指危险）、宇宙（上下四方为宇，古往今来为宙）、世界（‘界’即‘宇’，‘世’即‘宙’）、人物、窗户”等词。

再比如“老鼠、石头、阿姨、花儿”这几个词中词缀的意义本身就是模糊的。

（五）所有语素义都不表示词义

语素的现有意义同词义无联系。有一些较古老的词的语素义现在已不再使用，无法由语素义来猜知词义。如：

二百五：讥称有些傻气、做事莽撞的人。
东西：泛指事物。

（六）五种语素义类型在现代汉语词汇中的表现

这五种语素义类型在现代汉语词汇中所占的比例各是多少呢？学者林杏光曾做过抽样统计，[①] 结果如下所示：

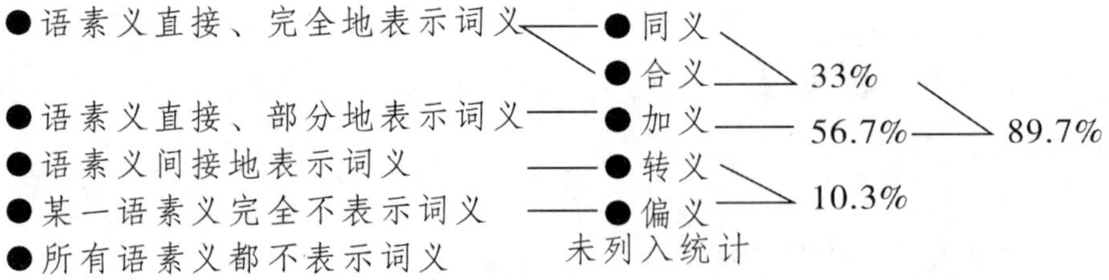

① 见林杏光：《词汇语义和计算语言学》，北京：语文出版社 1999 年版，第 244 页。

从以上统计中可以看出，第1种表义类型（林杏光所说的“同义”和“合义”）不占优势，占优势的是第2种（“加义”），而这两种是现代汉语词汇的主体。

林杏光就其统计结果做出如下推论：“汉语的绝大多数复合词，其字义（语素义）和词义有密切的联系，字义在词义中的作用很明显，词义几乎等于字义的相加。”这里的字义对应的就是我们所说的语素义。

对于这个推断，我们要重新分析一下。前一部分推断应该说是值得称道的：“汉语的绝大多数复合词，其字义（语素义）和词义有密切的联系，字义在词义中的作用很明显”，89.7%所代表的就是这样的词语。但是如果就此得出“词义几乎等于字义的相加”的结论，那就值得讨论了。因为“同义”和“合义”虽然符合这一点，但它们也只占33%，而更多的是占56.7%的“加义”，即需要补充暗含内容的词语。如果再把其余几种类型考虑进来的话，“词义不等于语素义的相加”的比例就更大了。可以这样认为：汉语的绝大多数复合词，其语素义和词义有密切的联系，语素义对词义有明显的提示作用，大多数语素义不能完全表示词义。

二、单纯词的一种特殊关系类型

就单纯词来说，有必要提一下具有音、义兼顾特征的外来词。虽然是只有一个语素的单纯词，是外来词，但由于汉字本身具有表义性，汉字的意义在表达外来词的意义时仍然起作用，尽管不是原来的外语词本身所具备的意义。它是一种附会式的表意方式，我们称这类词的表意类型为“语素义附会提示词义”。

这种类型的词，其字面意义往往是对原来的外语词意义的一种附会式的理解，因为字面意义很大程度上是外来事物、外来概念本身不具备的，是翻译者按照汉民族的认知方式创造的新的语义结构，这样的词是对外来事物、外来概念的重新解构。如：

【雅皮士】英语 yuppies 的音译兼意译。指西方国家中年轻能干有上进心的一类人。他们一般受过高等教育，具有较高的知识水平和技能，工作勤奋，追求物质享受。

【嬉皮士】英语 hippies 的音译兼意译。美国二十世纪六七十年代一批激烈地反对社会现实和习惯势力的年轻人，他们在政治上提倡极端自由主义，生活方式上采取玩世不恭的态度，如主张非暴力、穿奇装异服、吸毒、蓄长发等。

【披头士】英语 Beatles 的音译兼意译。西方摇滚乐史上最有影响力的一个英国乐队。20 世纪 60 年代风靡欧美。他们创作、演奏的歌曲追寻乌托邦式的理想。该乐队四名演奏员发型特殊，遮额齐眉，故称。

【蹦极】英语 bungy 的音译兼意译。一种体育运动，用一端固定的有弹性的绳索绑缚再从高空跳下，身体在空中上下弹动。

【马海毛】英语 mohair 的音译兼意译。一种毛线。

【保龄球】英语 bowling 的音译兼意译。

【可口可乐】英语 Coca-Cola 的音译兼意译。

【迷你】英语 mini 的音译兼意译。

【托福】英语 TOEFL 的音译兼意译。

三、词汇教学要点

在第二讲“现代汉语词汇的特点”中我们提到：不能把语素的作用绝对化。我们不能简单地认为，汉语里合成词的意义就等于语素义的简单相加。对于一小部分词语来说，理解了语素义就等于理解了词义。但对大多数的词语来说，语素义只给出了一部分内容，这就需要对语素义之外的内容进行补充，才能真正理解词语的意义。如果只是根据语素义来猜词，结果往往会出错。所以，在对外汉语词汇教学中，大部分词语都要通过整词的教学来帮助以汉语作为外语的学生正确理解。

这里有必要提一下对外汉语词汇教学中的语素教学法。这种教学法的主要观点就是：利用汉语语素本身是有意义的这个特点，让学生掌握语素的意义之后，去理解词语的意义，以达到事半功倍的词汇学习效果。比如，学生学了“亲”“口”“耳”“手”等语素，就可以猜出“亲口”“亲耳”“亲手”的意思。

实际上，语素教学法要达到理想的效果，有许多难点要攻克。第一个难点是，语素具有多义性，它在词里面使用的是哪一个义位，很难让学生自己去确定，这就产生了理解上的混乱。第二个难点是，“要对一个字或语素的多个义项进行讲解和扩展组词，势必会牵连出许多生字，尤其是在初级阶段，不讲解组词示例中的生字，学生不能进行有效理解，讲解那些生字又会陷入连环讲解中，教完之后学生究竟能掌握多少?”[①] 可见，语素教学法本身不能独立承担繁重的词汇教学任务，一定要与整词的教

---

① 彭小川、马煜逵：《汉语作为第二语言词汇教学应有的意识与策略》，《语言文字应用》2010 年第 1 期，第 106－113 页。

学相互补充。在零起点时，先以整词的教学为主导，学生掌握了一定的词汇量和语素的感知之后，适当地利用语素来类推其他词语，这样才能真正让语素义起到提示词义的作用。

思考与练习

1. 请判断下面词义的理解是否正确。

（1）网球，就是“带网的球”。（ ）

（2）思考，就是“想、考虑”。（ ）

（3）岂有此理，就是“哪有这样的道理?”（ ）

（4）木船，就是“运木头的船”。（ ）

（5）买家，就是“买东西的人或单位；买主”。（ ）

（6）情诗，就是“包含感情的诗”。（ ）

（7）护士，就是“专门保护别人的人”。（ ）

（8）准时，就是“准确的时间”。（ ）

（9）书包，就是“学生用来装书本和文具的袋子”。（ ）

（10）客厅，就是“招待客人的房间”。（ ）

2. 下面的词语中哪些语素不表示任何意义?

窗户、国家、人物、好歹（如“万一有个好歹”）、忘记、动静、安危（如“不顾个人安危”）、恩怨、质量、干净、云彩、女儿、妻子、睡觉、方便、家庭、诗歌

3. 请指出下列释义中的暗含内容。

（1）【酥脆】（食物）酥而且脆。

（2）【酸痛】（身体）又酸又痛。

（3）【旷课】（学生）不请假而缺课。

（4）【灵便】（四肢、五官）灵活；灵敏。（工具等）轻巧，使用方便。

（5）【学历】学习的经历，指曾在哪些学校肄业或毕业。

（6）【婉转】（说话）温和而曲折（但是不失本意）。

（7）【连载】一个作品在同一报纸或刊物上连续刊登。

（8）【家具】家庭用具，主要指床、柜、桌、椅等。

4. 下列哪些词语的意义是用比喻来表示的？哪些是用借代来表示的?

鲸吞、白宫、碰钉子、鸟瞰、白领、蜂拥、蓝领、乱弹琴、蚕食、红粉、走后门、茅台、撑腰、龟缩、蛙泳、蝶泳、骨干、替罪羊、跑龙套、穿小鞋、车水马龙、急流勇退、熊心豹子胆、热得快（商品名，插在暖瓶里烧水的工具）、（不拿老百姓的）一针一线

用比喻来表示的词语：________________________________

____

用借代来表示的词语：________________________________

____

5. 选择正确的词义。

（1）群发 （ ）

A. 群众发现 B. 群众共同发展

C. 一群人共同发现 D. 用手机或电脑把信息同时发送给很多人

（2）偏食 （ ）

A. 只喜欢吃 B. 偏偏喜欢吃

C. 只喜欢吃某几种食物 D. 只喜欢吃东西

（3）爆胎 （ ）

A. 爆炸的车轮胎 B. 车轮胎爆裂

C. 肚子里的胎儿爆炸 D. 更换车轮胎

（4）悲剧 （ ）

A. 不幸的遭遇 B. 不幸的人

C. 不幸的人生 D. 不幸的过去

（5）婚恋 （ ）

A. 先恋爱后结婚 B. 先结婚后恋爱

C. 只恋爱不结婚 D. 结婚和恋爱

（6）故居 （ ）

A. 充满故事的房子 B. 曾经见过的房子

C. 以前的老房子 D. 曾经住过的房子

（7）了结 （ ）

A. 解决、结束 B. 解决、结束（事情）

C. 了解、知道 D. 结果

6. “现代汉语中所有合成词的词义都是语素义的简单相加”，这种说法对吗？为什么？请举例说明。

课后小结

现代汉语合成词的词义和语素义之间的关系是怎样的？

掌握典型的包含比喻义的词、借代义的词。

第五讲　词语释义及教学要点

有本词典解释“繁荣”：形容经济蒸蒸日上。

有位老师用“总是”来解释“动不动”。

好多教材的生词表里用 one 来解释“一”。

你认为这些释义适不适合留学生？

一、词语释义的要求

对词语进行释义，最基本的要求是客观、准确、简明易懂。

（一）客观、准确

词语释义时要不违背客观规律，客观反映词语所包含的实际内容，不能掺杂违背客观实际的主观意向或观点。如下面的释义[①]：

①【资本家】占有资本，剥削工人的剩余劳动而获取剩余价值的人。

②【资本家】占有生产资料，依靠雇佣劳动获得利润的人，包括工厂主、商人、银行家等。（百度百科）

③【忍心】狠心；昧着良心；硬着心肠。（《汉语大词典》）

④【忍心】能硬着心肠（做不忍做的事）。

①和③的释义带有强烈的主观倾向，②和④的释义则是客观的表述。

释义要求全面准确，没有疏漏，不以点盖面，不以面概点。比如：

---

① 本讲的释义如果未注明出处，大多取自多个版本的《现代汉语词典》（商务印书馆出版），其余部分为自编。

⑤【凳子】有腿的供人坐的家具。
⑥【凳子】有腿、没有靠背的、供人坐的家具。
⑦【情绪】人从事某种活动时产生的兴奋的心理状态。
⑧【情绪】人从事某种活动时产生的激烈的心理状态。
⑨【分文不取】一个钱也不要（多指应给的报酬或应收的费用）。
⑩【分文不取】一个钱也不要（多指应得的报酬或应收的费用）。

⑤的释义范围太大了。⑦的释义范围缩小了，也就是说，“兴奋”的范围小于“激烈”。⑨的释义中的“给”显然没有“得”准确。

（二）简明易懂

语言表述要简洁，避免言语啰唆、绕圈子，但并不是越短越好，要以易懂为前提。要使用便于理解的已经学过的词语，不要以难释难、以难释易。下面两两比较中就可以发现哪个易懂，哪个难理解：

①【繁荣】形容经济蒸蒸日上。
②【繁荣】形容经济情况很好。
③【零下】气温在零摄氏度以下。
④【零下】气温在0℃以下。

①和③的释义中画线部分明显要比②和④的释义难理解。

二、词语释义的方法

（一）指示法

就是用实物、图片、动作、表情等来释义。这种方法的特点：属于启蒙性的释义方法，指出词语所代表的事物，知道了所指的事物就等于知道了词义，不受母语背景的影响，不受留学生的汉语水平的影响。它的适用对象是语言习得阶段的幼儿和低年级学生、学汉语的初级阶段的留学生。缺点是缺乏概括性，只限于具体的可见的事物，对于抽象的词语、表示关系的词语等就无能为力了。比如什么是“伟大”、什么是“自由”，只能用其他方法解释了。

另外，用一些国际通用的符号来解释也属于指示法。比如：“℃、+、-、×、

÷、=、≠、≈、≤、≥、kg、mm、cm、m^2、$”等，以及阿拉伯数字。①

（二）定义法

就是给词语下一个定义。一般是说出概念所属的类别，即上位词或属词，同时说出它与同类中其他概念在属性上的差别，即“种差”。这种释义模式是：属+种差、种差+属。例如：

【法学】以法律、法律现象及其规律性为研究内容的学科。

【马】哺乳动物，头小，面部长，耳短……

例中画线部分就是属词。定义法释义最重要的是找到合适的属词。什么样的词算是合适的属词呢？它应该是与所释词目的级别最接近的词，并且浅显易懂。如：

【凳子】有腿、没有靠背的、供人坐的家具。

【沙发】装有弹簧或厚泡沫塑料等的坐具，两边一般有扶手。

比较一下这两个属词，“坐具”是合适的，因为它与凳子、沙发的级别最近。

（三）以词释词法

1. 以词释词法的三种小类

以词释词即采用同义词或反义词来解释词义。这里包括三种小类：单纯的同义词释义、多个同义词释义和反义词加否定词释义。比如：

【现钱】现款。

【速食面】方便面。

【单车】自行车。

【工薪】工资。

【漂亮】出色。

【恨不得】巴不得。

【四周】周围。

以上是单纯的同义词释义。下面是多个同义词释义：

---

① 这几个符号引自王汉卫：《论对外汉语教材生词释义模式》，《语言文字应用》2009年第1期，第124－133页。

【鼓励】激发；勉励。
【红火】旺盛；兴隆；热闹。
【漂亮】好看；美观。
【公道】公平；合理。
【沸水】滚水；开水。
【喜悦】愉快；高兴。

下面是反义词加否定词释义：

【冷落】不热闹。
【挂虑】挂念，不放心。
【忽视】不注意；不重视。
【难于】不容易；不易于。
【反对】不赞成；不同意。
【模糊】不分明；不清楚。
【动摇】不稳固；不坚定。
【冷淡】①不热闹；不兴盛。②不热情；不亲热。

2. 以词释词法的局限

（1）以同义词释义，注重共同点，忽视差异点。如把“拜访”释为“访问”。表面上看这两个词意思一样。但实际上，“拜访”有一种尊敬对方的色彩；“拜访”的对象是人，“访问”的对象大多数是地方、机构。

（2）反训的方式，只适用于互补性反义词之间。它只能说明被释词的意义“不是什么”，而不能说明“是什么”。比如把“庸俗”释为“不高尚”。

“庸俗”和“高尚”之间还有中间状态，不能否定一方而肯定另一方。

3. 以词释词法的要求

这种释义法要求一定不要以难释难、以难释易。比如用“草野”来解释“草莽”，就没有用“民间”来解释容易理解。下面这几例也都是不容易理解的：

【寄居】暂寓。
【后妈】继母。
【好像】犹极似。

（四）描绘法

这种方法是从多角度用话语对词义进行描述、说明。如：

【警告】对有错误或有不正当行为的个人、团体、国家提出告诫，使其认识所应负的责任。

【叫好】对于精彩的表演等大声叫“好”，以表示赞赏。

【径直】副词。①表示直接向某处前进，不绕道，不在中途耽搁。②表示直接进行某件事，不在事前费周折。

（五）分解法

对被释词的每一个语素逐个进行同义对释。如：

【恭贺】恭敬地祝贺。

【漏题】泄露试题。

【教改】①教育改革。②教学改革。

【欢歌】①欢乐地歌唱。②欢乐的歌声。

【奇幻】奇异而虚幻。

【奇缺】非常缺乏。

【真情】真实的感情。

【祸根】祸事的根源。

这种释义方法的特点是理据性强，容易理解。但也有缺点，它的运用范围不广，因为语素义的和等于词义的词语大约只占10%。

（六）入境法

这种方法实际上是例词和例句的作用，即用例子所提供的具体的语境来显示词义和用法。尤其是意义抽象的词、虚词，更是离不开这种方法。此方法在对外汉语词汇教学中用处较广。比如对“掩饰”“……着呢”“……来着”作解释时就一定要把它们放到具体的语境中来解释。再如下列例子：

我们希望世界永远和平，没有国家和国家之间的战争，没有国家内部的战争。

他走热了，就解开领带拿在手上，觉得不那么热了。

他没有好好复习，结果每门课都不及格。

她努力学了三年，<u>从而</u>考上了最好的大学。（表示结果）

你应该努力学习，<u>从而</u>考上最好的大学。（表示目的）

（七）翻译法

翻译法即利用母语、中介语来释义。这个方法在初级阶段常常被用到，对于理解一些意义对应没有偏差的抽象词语来说是很便捷的。比如用英语词 banquet 来解释“宴会”、用 festival 来解释“节日”、用 bureaucracy 来解释“官僚主义”、用 football 来解释“足球”、用 computer 来解释“计算机”；用印度尼西亚语词 lidah 来解释“舌头”、用 rugi 等来解释“害处”；用越南语词 râm 来解释“茂密”、用 quê 来解释“家乡”等，这些都是可行的。这些属于用对应词来释义。有时我们也会用一个短语来释义，如用印度尼西亚语词 ukuran tubuh 来解释“个子”、用 sopan santun 来解释“礼貌”等。[①] 适当使用翻译法在词汇教学中是可行的，有时甚至是最简明、最有效的方法，但要有度，不能滥用，越少用越好。随着汉语知识和能力的增长，要逐渐减少使用此方法。

（八）理据提示法

理据提示法即介绍词语的理据、由来。把一些有一定历史背景的词语的理据、由来讲出来，学生就会更容易理解并记住其意思。比如，封建社会妇女地位低下，丈夫在称自己的妻子时也用卑称。古代的习俗是“男子居外，女子居内”，所以有“贱内、内人、内子”；又因为古时居室结构是外面的屋子为堂，里面的屋子是室，所以又称妻子为“室人、内室”。有一些成语，可以编成故事讲出来，再把实际意义说出来。如：

【滥竽充数】出自《韩非子》中战国的一个故事。一个姓南郭的人，本来不会吹竽，听说齐国的国王齐宣王爱听竽，便要为宣王吹竽，宣王很高兴。虽然他不会吹竽，但他混在三百人的乐队中，谁也听不出来。宣王死后，他的儿子继位。他也喜欢听竽，但他要乐队的人一个一个轮流为他吹，这样，南郭先生就混不下去了，只得偷偷地溜走了。“滥竽充数”比喻没有真正的才干，而混在行家里面充数，或者拿不好的东西混在好的东西里面充数。

---

① 上述印度尼西亚语的例子引自陈延河主编，黄兆龙、颜天惠编译：《汉语—印尼语对照——初级汉语学习词典》，北京：外语教学与研究出版社 2006 年版。越南语的例子引自傅成劼等编著：《越南语教程》，北京：北京大学出版社 2005 年版。

此外，针对一些有较强词义产生和有清晰发展脉络的词，尤其是用比喻、借代方式产生的词，可先说其词义的源头，让学生去体悟词义。如：金鱼缸（指证券交易所，证券交易员走来走去，就像金鱼缸里的金鱼游来游去）、红马甲（指证券交易所内的证券交易员，因穿红色背心而得名）。

三、词汇教学要点

课堂上的词语释义要注意以下几点：

（一）以易释难，充分考虑学生的汉语水平

教师要从学生的汉语水平出发选择释义用的词语和句子，如果用来释义的词语或句子比要解释的词语还难理解，学生就得不到任何信息。

另外，不要单纯依赖汉语词典当中的释义，因为词典中的释义有时用词造句不完全符合特定学生的汉语水平，需要根据学生的汉语基础来改造，用学生可授受的方式来释义。比如《现代汉语词典》把“苦”解释成“像胆汁或黄连的味道”，我们可以根据学生的生活经验把它改造成“像不加糖的咖啡的味道”“像苦瓜的味道”“像中药的味道”等。

（二）视语素的表义特征、词义的抽象与具体来确定采用哪种方法

在第四讲中我们讲过，语素义和词义之间有着复杂的关系，释义时要考虑这些表义特征。比如“强者”“知足常乐”就可以用分解法来释义，“职业、极其”就可以用以词释词法来释义。同时还要考虑被解释的词（“被释词”）是表示具体事物的，还是表示抽象事物的，如果是抽象词语，那就不用指示法。

（三）用同义词释义要注意释词与被释词之间的差异

同义词释义的特点是不考虑释词和被释词的差异。如果使用这种方法，就要想办法避免错误类推。比如用学生较早学过的“好看”来解释“漂亮”是可行的，但要告诉学生，不是在所有情况下两个词都同义，如在“他的篮球打得真漂亮”中，“漂亮”就不可解释为“好看”。要用“如果”来解释“要是”，就应讲清楚：前一个词在口语、书面语里都能使用，后一个词只能用在口语里。如果用“影响到”来解释“波及”，就要告诉学生：“波及”指不好的事情产生的影响。

（四）运用翻译法要注意指出差异

比如现代汉语词汇里有“家”和“房子”的差别，在印度尼西亚语里就没有这种差别，所以在用母语解释时，要补充解释：“回家”不能说成“回房子”，“买房子”不能说成“买家”。再比如用“marry”解释“结婚”，就要讲明白：要说“跟/

和谁结婚”，不能说“结婚她/他”。所以在教学中要慎重使用翻译法，尽量避免母语负迁移。

另外，使用翻译法时还要注意限制词义。比如在释词之后给出说明性的短语：

厚：thick（having a large distance between opposite surfaces）

薄：thin（having a small distance between opposite surfaces）

还可以给出多个释词，选取它们的共同意义，从而互相限制，如桌子：table，desk。[1]

这两个词都是指桌子，这样就不会联想到“table”有“表格”等其他义项。

（五）定义法不宜较早使用

定义法是以学生有较大词汇量为前提的，需要学生积累了一定的类词、上下位词才可使用，初级阶段的学生不宜过早使用。

思考与练习

1. 运用本讲的知识，从对外汉语词汇教学的角度解释下面的词。

一、地图、跨、等于、压根儿、企图（动词/名词）、清新、仔细、聪明、看、谁、导演（名词）、公平、努力、及格、苦恼、托运、伟大、成功、遇到、听见

2. 下面各组词语用什么方法释义更恰当？

（1）铅笔、花、飞机、桌子、窗户、电脑、微笑、踢、迈、扛、五、红色

（2）产量、忧愁、强者、知足常乐、信心十足

（3）腹泻、职业、极其、勤奋、即刻

（4）自私、手舞足蹈、罪恶、杀手、法官、生不如死、溺爱、耍心眼儿

（5）倒霉、活该、美得你、也、才、就、眼看、情愿……也不……

3. 如果释义不准确，或者没有恰当的用法说明，会导致学生误解、误用词语。阅读下面的偏误句，给出正确的释义、用法说明。

（1）【发源】（河流）开始流出。

①春天来了，冰冻的小河融化了，发源了。

②猴子发源了人类。

（2）【分居】一家人分开生活。

---

① 以上3例引自鲁健骥：《外国人学习汉语的词语偏误分析》，《语言教学与研究》1987年第4期，第122－132页。

我和爸爸妈妈分居了，我在广州，他们在印度尼西亚。

(3)【英俊】容貌俊秀又有精神。

我姐姐长得很英俊，好多人追她。

(4)【结婚】marry。

我结婚他了。

课后小结

重点掌握释义的要求、释义的方法及在对外汉语词汇教学中需要注意的释义要点。

第六讲　现代汉语语义场及教学要点

“买”“卖”是否可放在同一课里来学习？

“衣服”“裤子”“帽子”有没有必要放在同一课里来学习？

词与词之间有各种意义关系，怎样利用这些意义关系来帮助词汇的教与学呢？

一、语义场的定义

语义场是指属于一个共同概念之下的、意思上紧密相连并相互制约的一组词的聚合体，又叫义场、词汇场、词场。语义场是通过不同的词之间的对比，根据它们词义的共同特点或关系划分出来的类。例如：

胳膊、胸、腹、脚、头、腿（共同概念是“人体部位”）

美丽、丑陋、秀气、清秀、俊、英俊（共同概念是“形容人的长相”）

吃、吞、喝、饮、吸、咽、吮、吻、咬、嗑、啃、吹、吐、舔、咀嚼（共同概念是“人体嘴部的动作”）

拿、抓、握、摸、摘、揉、搓、拍、掰、揭、提、举、推、托、拔、抱、打、抬（共同概念是“人体手部的动作”）

二、语义场的类别

（一）类属义场

类属义场是指那些可以被一个上位的属概念概括的一组词。例如：

吃、喝、吸［把东西纳入体内的动作］

流、泻、涌、注、滚、溢、漫、泛［水的流势］

赤、橙、黄、绿、青、蓝、紫［颜色］

笔、墨、纸、砚［文具］

锅、碗、瓢、盆［厨具］

暴雨、小雨、毛毛雨［雨］

高祖父、高祖母、曾祖父、曾祖母、祖父、祖母、父亲、母亲、姑父、姑姑、叔叔、婶婶、伯父、伯母、姨父、姨妈、舅舅、舅母、哥、姐、弟弟、妹妹、表哥、表姐、表弟、表妹、堂兄、堂姐、堂弟、堂妹、儿子、女儿、侄子、侄女、外甥、外甥女、孙子、孙女、外孙、外孙女［亲属称谓］

（二）顺序义场

在一个语义场内，3 个以上的词语若是按照一定的顺序排列，这些词语之间的关系就是顺序结构，它们就构成了顺序义场。例如：

初一、初二、初三……初十

立春、雨水、惊蛰、春分、谷雨、清明……大寒（二十四节气）

军、师、旅、团、营、连、排、班

丈、尺、寸、分、厘

总行、分行、支行/办事处

首先、其次、再次、又次、最后

冠军、亚军、季军、殿军

优秀、良好、及格、不及格

（三）上下位义场

从纵向看，处于上位的是一个意义较概括的、泛指的词，而不是尚未形成词的概念。它所包含的一批词是处于下位的具体的同类词，这种纵向关系就构成了上下位义场。如：

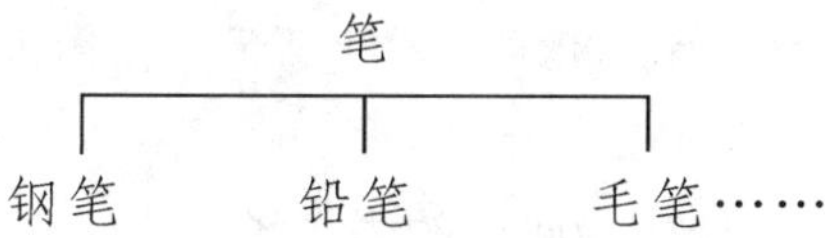

这里的上位词是“笔”，下位词是“钢笔、铅笔、毛笔”等。上位词与下位词之

间的纵向关系构成了上下位义场。再如：

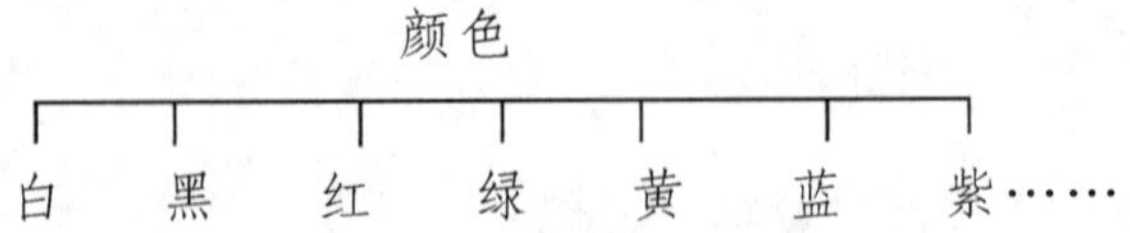

上下位义场具有层级性，有的是多层的，如：

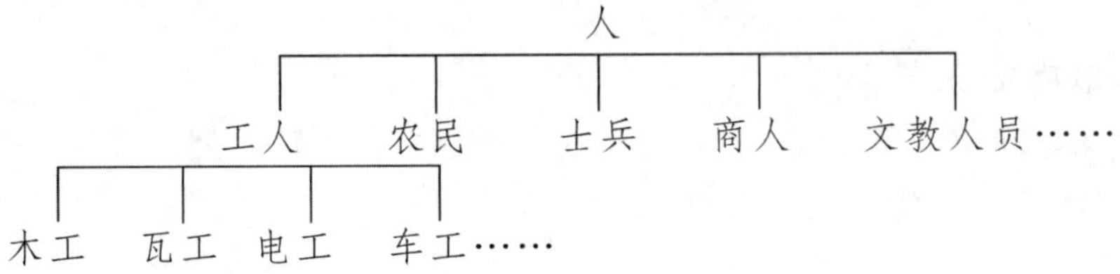

和类属义场相比，上下位义场指词的上下纵向关系，类属义场指横向的同类关系。

（四）同义义场

意义基本相同或大部分相同的词语构成了同义义场（当然这种意义的相同是就某一个义项来说的），同义义场中的成员是同义词。如：

［一方］一边、一端、一面、一头、一厢、单方、单方面……

［文学界］文坛、文苑……

［差别］别、区别、出入、差异、差距、千差万别、高低上下、轩轾、高低优劣、天壤（渊）之别、霄壤之别、云泥之别……

［死］亡、故、卒、逝、殁、殪、殂、殒、薨、驾崩、丧、亡故、身故、去世、逝世、故世、谢世、弃世、过世、归天、毙命、毕命、殒命、长逝、长眠、故去、溘逝、与世长辞、溘然长逝、断气、咽气、合眼、闭眼、老了、没了、完蛋、回老家、玩儿完、翘辫子、上西天、见阎王……

现代汉语中有约 6 000 个处于最底层的语义场包含同义词语①。

① 见张志毅、张庆云：《词汇语义学》，北京：商务印书馆 2005 年版，第 65 页。

（五）反义义场

反义义场是由具有共同意义基础而在个性意义特征上相反或相对的两个词构成的。反义义场中的成员就是反义词。如：

高（从下向上距离大）—低

高（人的个子高）—矮

高（等级在上）—下

上—下、东—西、来—去、输—赢、好—坏、胖—瘦

现代汉语中至少有 4 000 个底层语义场包含反义关系①。反义词以形容词居多，其次是动词，再次是名词。

反义词按照两个词之间的关系分为三种类型：

1. 绝对反义词（互补反义词）

互补反义词的特点是非此即彼，不存在中间状况，肯定一方必然否定另一方，否定一方必然肯定另一方。互补反义词大致相当于逻辑上的矛盾概念。比如：

真—假，生—死，直—曲，出席—缺席，完整—残缺

2. 相对反义词（极性反义词）

极性反义词的特点是存在中间状况，否定一方不能肯定另一方。极性反义词多为对立概念。比如：

寒冷—温暖，反对—拥护，冷—热，贫—富，宽—窄

3. 关系对义词

两个词互相依靠、互相对立，处于某种关系的两端。凡是涉及某种关系的对立的两种人、两种事物、两种行为等，都可以形成关系对义词，这种词一般是成对出现的。比如：由于“教育关系”而形成了“老师（教师）—学生”这组语义场，没有老师就无所谓学生，没有学生也就无所谓老师。同样，由“生育关系”而产生了“父母—子女”，由“婚姻关系”而有了“丈夫—妻子”，由“交易关系”而出现了“买主—卖主”或“买方—卖方”等。再比如：

---

① 见张志毅、张庆云：《词汇语义学》，北京：商务印书馆 2005 年版，第 66 页。

哥哥—弟弟，姐姐—妹妹，教—学，君—臣，主人—客人，号召—响应，天—地，日—月，买—卖，借—还

关系对义词和前面两种反义词的区别是，关系对义词的A和B之间既没有蕴含关系，也没有中间状态。比如：

"他不是女人"就等于说"他是男人"。这说明，前一个句子包含了后一个句子的意思。所以"女人"和"男人"是绝对反义词。

"他不买车"不等于说"他卖车"。这说明，前一个句子不包含后一个句子的意思。所以，"买"和"卖"不是绝对反义词。同时，"买"和"卖"之间不存在中间状态，所以，二者是关系对义词。

再比如，"冷"和"热"之间有中间状态，而"姐姐"和"妹妹"之间没有别的情况。所以，前两个词是相对反义词，后两个词是关系对义词。

三、语义场的领域、方言、语言差异

语言的日常表达不同于科学表达，每个语义场内部成员对某一概念的分类不完全等同于科学的分类。因而哪些词属于一个语义场，不完全依照科学的分类来定，而多受习惯因素、古今因素、方言因素、语言种类因素等的制约。比如：气象学把风级分为12级，而日常则把风级分为大小两级；章鱼被归为鱼的下位词，是日常的通俗分类，而实际上它属于与脊椎动物并列的软体动物。

把东西纳入体内的动作，普通话包含了"吃、喝、吸"3个词，而方言当中包括了"吃"和"喝"两个词，"吃"包括了"吃饭"和"吃烟"两种动作，即它的对象包括了固体和气体两种。

与汉语的"家庭成员"语义场相对应的英语语义场如下：father，mother，son，daughter，brother，sister，"亲属成员"语义场的差别更是明显：uncle（伯伯、叔叔、姨父），aunt（姑姑、伯母、舅妈），nephew（侄子、外甥），niece（侄女、外甥女），cousin（堂兄弟姐妹、表兄弟姐妹）。同样，颜色语义场在不同的语言中成员的数量、每个成员的范围也是不太一样的。

四、语义场理论在词汇教学和积累中的应用

每一个语义场都是一个相关词的小系统，把相关词放在一起来对比、理解、记

忆，会收到事半功倍的效果。在对外汉语教学中可适时利用此理论，比如，在讲“喝的东西”时，可以把一系列的东西如“茶、咖啡、橙汁、可口可乐、雪碧”等，一并提出来让学生去比较、记忆，因为有了意义的联系，记忆起来就容易多了。当然，在运用时，要考虑到对象的汉语水平，不能一味地把所有的相关词不加取舍地提出来，这样反倒会干扰记忆。具体来说，可以从以下几个角度来辅助词汇的教与学。

（一）生词展示

汉语精读课教材中每一课的生词会归属于一定的语义场，可以根据生词表表现出来的具体的语义场类型来分类展示。分类时没有必要给出语义场的种类，只要有意义聚合关系就可以分为一类。比如下面是某一课的生词：

桌子、绿色、盘子、他们、筷子、杯子、张、快、餐桌、勺子、咱们、粉色、家具、白色、慢……

我们可把这些生词分成几类：绿色、白色、粉色；他们、咱们；家具、桌子、餐桌、张；盘子、筷子、杯子、勺子；快、慢。值得注意的是，这里把量词“张”和“桌子”等放在一起，是考虑到与桌子搭配的量词是“张”，这样更利于加强生词之间的搭配关系。

（二）词语类推、扩展、巩固

课堂上可以根据语义场来类推、扩展词语。

可以先说出属词、上位词，或是一个上位概念，让学生说出同类属成员或下位词，用这种方法来巩固学过的词语，如：

家人/家庭成员→爸爸、妈妈、哥哥、姐姐、弟弟、妹妹、爷爷、奶奶
颜色→红色、黑色、白色、黄色、蓝色、绿色、灰色
主食→米饭、包子、面条、馒头、面包、饺子
中国的节日→春节、端午节、中秋节、清明节、元宵节

还可以用不同的语义场来类推。比如关于“天”“年”“月”“星期”，每个词都是一个语义场，“天”“年”两个语义场之间有可类推性，“月”和“星期”两个语义场之间的类推性也很强。这种方式既方便学习、记忆新词语，也便于巩固已学过的词语。

（三）词语归类

词语归类与上面的方式相反，即先摆出同类属成员或下位词，让学生来归类，说

出类词或上位词。如：

牛、狗、羊、猪→家畜
春天、夏天、秋天、冬天→四季/季节

（四）用同义词、反义词、上位词解释词义

用同义词解释词义的如：

漂亮：好看　　夏季：夏天　　前生：前世

用反义词解释词义的如：

残缺：不完整　　担心：不放心　　脏：不干净

用上位词解释词义的如下列画线词：

食物：可以充饥的<u>东西</u>。
食品：经过加工制作的<u>食物</u>。
面食：面制成的<u>食品</u>。
饺子：半圆形的有馅儿的<u>面食</u>。

思考与练习

1. 根据已有的词语类推、填空。

天	前天		今天		后天
年		去年		明年	
月	上上个月		这个月		下下个月
星期		上个星期		下个星期	

2. 请写出你的母语中“家庭成员”“烹饪”“手的动作”“眼睛的动作”“死亡”“味觉”语义场中的词语，再和汉语进行对比，看看有哪些是相同的，哪些是不同的。

3. 利用上下位词完成句子。

（1）不管是成年人还是未成年人，他们都是__________。

（2）北京的__________很多。市内有故宫、北海、景山、中山公园等；郊区有颐和园、圆明园、香山等。

（3）你喜欢哪个__________？春天还是__________？

（4）我们店有好多种__________，你想吃饼、包子，还是饺子、面条？

（5）红、橙、黄、绿、青、蓝、紫，这是七种__________。

（6）__________是一种红色的水果。

（7）英语、日语、印度尼西亚语、泰语、老挝语等，这些__________中最容易学的是__________。

（8）我喜欢好多__________，这里边我最喜欢的是__________。

4. “军、师、旅、团、营、连、排、班”；“总行、分行、支行/办事处”；“首先、其次、再次、又次、最后”，这些都属于__________义场。

5. 下面是两课中的生词，请根据语义场的相关知识来为生词分类。

（1）红、样子、鲜艳、褪色、式、连衣裙、灰、大方、西装、黄、产品、橱窗、时装、顾客、羽绒衣、紫、服装、蓝。

（2）天气、冷、秋天、热、风、雨、下（雨）、雪、刮、季节、郊游、冬天、暖和、最、游泳、滑冰、春天、夏天、凉快。

课后小结

重点掌握语义场的类型。

了解怎样利用语义场来辅助词汇的教和学。

第七讲　同义词辨析及教学要点

“准确”等于“精确”吗？“幸福”就是“快乐”吗？“以后”等于“后来”吗？“经历”就是“经验”吗？

这些都是容易混淆的且需要去辨析的同义词。

一、同义词的定义

同义词是指在同一意义层面上有一个相同、相近的意义内容的多个词语。“同义”是就词的某一个意义（词典学中的义项）而言的，并非针对整个词及其所有的意义。“同一意义层面”指的是构成同义关系的词义属于同一层次，不得越级，如“马”和“白马”虽有共同意义内容，但具种属关系，不属同义。

面向对外汉语教学的同义词的界定要比这个定义宽得多，只要是有相近的意义内容、在学习过程中容易混淆的，就算作同义词。张博教授称之为易混淆词。

这里我们采用广义的界定，但仍然用“同义词”这个术语。

二、同义词的类别

（一）等义词

等义词是指意义相同、可以互相替换的词语。如：

第一组：	自行车—脚踏车	剪刀—剪子	斧头—斧子
	星期天—礼拜天	语法—文法	吉他—六弦琴
	课室—教室	反悔—翻悔	
第二组：	拦阻—阻拦	寻找—找寻	觉察—察觉
	演讲—讲演	力气—气力	替代—代替

第一组是在任何情况下都可互相替换的词语，而且替换之后没有核心义和附属义的差别。第二组也不存在核心义和附属义的差别，但在使用频率上或替换的范围上有差异，如常说“替代品”“替代物”，而不说“代替品”“代替物”。等义词一般是名词。

（二）近义词

近义词是指核心义相同或大部分相同的一组词。一般我们提到同义词，往往指的是近义词。如：

差别—区别（词性不同）　　结果—后果（范围不同）
温柔—温顺（侧重点不同）　　轻视—藐视—蔑视—鄙视（程度不同）

三、同义词辨析的角度和方法

（一）同义词辨析的角度

1. 核心义的差异

核心义的差异包括词义轻重、范围大小、集体与个体、搭配对象、侧重点等的差异。

（1）词义轻重的差异。横线前面的词义程度要轻一些，后面的要重一些：

阻止—制止　批评—批判　爱好—嗜好　准确—精确
侮辱—凌辱　悲伤—悲痛　损坏—毁坏　担心—担忧
优良—优秀—优异
轻视—藐视—蔑视—鄙视
请求—恳求—乞求—哀求

（2）范围大小的差异。横线前面的词义范围要比后面的大：

秘密—机密　边疆—边境　财富—财产　故乡—家乡
食物—食品　辽阔—广阔　事情—事件—事故

（3）集体与个体的差异。横线前面的是集体名词，后面的是个体名词：

车辆—车　船只—船　人员—人　纸张—纸　树木—树

马匹—马　　书籍—书　　人口—人　　河流—河

（4）搭配对象的差异。

与“美满”搭配的是“生活、家庭”等。
与“圆满”搭配的是“答案、结果”等。

下面的例子用矩阵的方式表示“废除、解除、破除”三个词的不同搭配：

	法令	条约	特权	束缚	疑难	痛苦	危险	迷信	成见
废除	+	+	+						
解除				+	+	+	+		
破除								+	+

（5）侧重点的差异。

比如：“定、订”，都是指经商议确立下来。“定”，着重指确定下来。“订”，着重指协商同意。

再比如“到达”和“达到”的侧重点也有所差异：

	到	某种程度	某个处所	某个阶段
到达	+		+	+
达到	+	+		

2. 附属义的差异

附属义有多种，这里只介绍与词汇运用密切相关的两种：情态附属义（褒义、贬义、中性）、雅俗附属义（书面语、口语、正式、非正式）。

（1）情态附属义的差异。

习惯—习气（中—贬）　　宠爱—溺爱（中—贬）　　鼓动—煽动（中—贬）
顽强—顽固（褒—贬）　　称赞—奉承（褒—贬）　　教诲—教训（褒—中）
侃侃而谈—高谈阔论（褒—贬）

（2）雅俗附属义的差异。

谈—聊　　丑陋—丑、难看　　逝世—死　　花费—花

横线前面的是书面语，后面的是口语。

3. 词性和句法功能的差异

永远（形容词、副词）—永久（形容词）
智慧（名词）—聪明（形容词）
刚才（名词）—刚刚（副词，只用在动词前）
希望（名词、动词）—愿望（名词）
偶尔（只作状语）—偶然（可作定语）
充足（可作定语）—充分（可作定语、状语）

（二）同义词辨析的方法

辨析同义词通常用“类比＋归纳”法，这是最基本的方法，其步骤如下：

第一步，找出含有要比较的词语的所有典型用例。

第二步，运用替换的方式初步确定这些词的同义资格，找出共同点。

第三步，对前面得出的词义聚合特征和词义组合特征进行细致的归纳，按一定顺序梳理出该组同义词之间的差异。以“以后”和“后来”为例：

先找出典型例句：

（1）他在那家公司待了一年就离开了，________再也没回去过。
（2）他在那家公司待了一年就离开了，公司________的事情我就不清楚了。
（3）这个学期结束了，________大家一定要继续努力学习啊！
（4）三个月______（5）下课______（6）从此______（7）自从开学______

在句（1）和（2）中两个词都可以用。句（1）和（2）用这两个词都可表示过去的时间，句（2）画线部分作定语。句（3）只能用“以后”，表示将来的时间，“后来”则不可以。句（4）～句（7）只能用“以后”。《现代汉语词典》对这两个词的释义如下：

【以后】现在或所说某时之后的时期。
【后来】指在过去某一时间之后的时间。

再比如“有”和“具有”的比较：

我有一本新词典。√
我具有一本新词典。×
这件衣服有少数民族的特色。√
这件衣服具有少数民族的特色。√
我有一个特点，就是记不住东西。√
我具有一个特点，就是记不住东西。×

从这些例句中可以归纳出二者的异同：

相同点是二者都表示某事物属于某人、某事物。不同点是“有”的对象可以是具体的事物，也可以是抽象的事物，可以是好的事物，也可以是不好的事物；而“具有”的对象只能是抽象的事物，是非消极的事物。

四、词汇教学要点

（一）辨析语言

在进行词汇教学时，教师的语言要浅显易懂、精当，用贴近生活的事物来比拟；用学过的词语作基础，尽量不用同义词来释义。比如有本词典中写道：

提供、供给：二者都有“给予”的意思，都可以是物资、资金等具体的东西。

这里的“给予、物资、资金”要晚于“提供”“供给”二词的学习，不符合释义的要求。

（二）例句及语境

1. 小语境清晰化

小语境是指非完整句所提供的语境信息。有的词典给出了大量短小的搭配用例，如：

反驳：~我｜~领导｜~说法｜~观点

驳斥：~言论｜~谬论｜~论调

这样写虽然简短，但是对学生来说，一是语境信息太少，二是过于枯燥，不利于其掌握用法。如果将“~说法”改成“~了他的说法”，“~言论”改成“~了对方的错误言论”，语境信息就会变得丰富，也更符合语言的自然状态。

2. 强化对比点

辨析词典也好，教材也好，释义时一定要抓住要害。通常情况下，例句的对比度不明晰，常常是将两个对比词放在不同语境下各自独立的句子中，句子之间没有任何联系。如果把对比词设置在相同的语境当中，其对比效果就会明显不同。在上课时也可写出学生误用的句子，并用正确的对比句来对比。如：

他十点<u>才</u>来。（强调晚）

他十点<u>就</u>来了。（强调早）

再比如：

如果人民币<u>终于</u>升值的话，很多以出口为主的企业就会受到影响。×

如果人民币<u>最终</u>升值的话，很多以出口为主的企业就会受到影响。（可用于将要发生的事情，不希望发生的事情）

人民币<u>终于</u>没有升值，很多以出口为主的企业没有受到影响。（用于已经发生了的事情，而且是希望发生的事情）

人民币<u>最终</u>没有升值，很多以出口为主的企业没有受到影响。（用于已经发生了的事情，可以是希望发生的事情）

（三）注重形式化表达，力求简洁明了

在描述式的释义方式的基础上尽量补充形式化的表达，包括在句子中的位置、搭配特征、语义特征。比如：“我不想出门，因为我嫌广州的天气。”这里混淆了“嫌”与“嫌弃”，对比二者时可用如下形式化的表达：

嫌（+对象）+评价

嫌弃+对象（+评价）

这样，学生就可以很容易地记住："嫌"一定要与"评价"搭配，"嫌弃"则不一定；"嫌弃"一定要与"对象"搭配，"嫌"则不一定。

形式化表达一定要以对比性的例句或描述性释义为前提，否则就成了没有血肉的空骨架，也大大降低了语言表述的自然真实性。

（四）充分挖掘外在的差异

内省式的说解方式更适用于母语学生，而针对留学生的说解要注重挖掘具体的外在的差异，最明显的就是搭配的不同。很多同义词各自有着不同的固定搭配，比如，在讲"偶尔"与"偶然"、"慷慨"与"大方"、"带头"与"带动"的差别时，可补充其固定的搭配："偶尔……一两次，也是……"；"慷慨解囊、慷慨无私、慷……之慨；美丽大方、优雅大方"；"带头人，带个好头"。这些外显化的不同点更易于留学生把握。

（五）差异点简单化处理，注重特征性区别

对比中不必追求面面俱到，应注重那些重要的、常用性强的、明显的区别点，不关乎特征性区别的、很少使用的，就不去涉及，以避免烦琐导致的信息干扰。比如《高级汉语教程》（第一册）在对比"欣赏"与"观赏"时，指出前者又可以指"味觉的和嗅觉的享受"，而这一用法在普通话中几乎不用。在对比"踌躇"与"犹豫"时，说后者"还是形容词，形容满意、得意的样子"，此项同样不具备常用性，不应列出。

（六）哪些同义词需要辨析

下面以印度尼西亚本土的汉语学习者容易出现的同义词偏误为例：矮—低、爱好—喜欢、爱护—爱惜、爱护—保护、爱惜—可惜、暗暗—悄悄、暗暗—偷偷、班—教室、帮—帮忙、帮—帮助、帮助—帮忙、保险—保证、被动—消极、必须—必需、变化—改变、不合—不和、承担—承受、诚挚—诚意、出动—发动、穿—戴、打扰—妨碍、大胆—胆量、带—戴、放假—假期、改变—变化、高兴—喜欢、更新—更正、故意—特意、关心—注意、汇合—会合、久—旧、久—慢、看好—看中、满足—满意、容易—简单、伤心—痛心、香味—香。①

思考与练习

1. 选择同义词填空。

（1）祝你一切________　　学校周围的交通很________　　（便利，顺利）

---

① 萧频：《印尼学生汉语中介语易混淆词研究》，北京语言大学博士学位论文，2008 年。

（2）________的性格　________的长城　________地活下去　（坚强，坚固）

（3）海水________　电脑屏幕________

________的眼睛　________的记忆　（清澈，清晰）

（4）理由________　________的生活　（充实，充分）

（5）________公物　环境________　________眼睛　（保护，爱护）

（6）军人必须________命令　________别人的劝告　（听从，服从）

（7）规模________的音乐会　目标________　（远大，宏大）

（8）性格________　身体________　（软弱，虚弱）

（9）________的结局　会议________结束

________的生活　婚姻________　（美满，圆满）

（10）________目的　________目的地

________六级水平　________华文学院　（达到，到达）

2. 修改句中用错的词语。

（1）造纸术是中国的四大发现之一。

（2）你请假的理由很充实，你可以回家了。

（3）他的动作非常敏感，想接球就能接到。

（4）我们都要好好可惜同学之间的友谊，毕业后就很难再见面了。

（5）老年人对气温的变化非常敏捷。

（6）我嫌疑钱包被那个穿白T恤的人偷走了。

（7）我们都恐怕水深的地方，一直不敢游。

（8）我们几个同事对退休的老领导都很关怀。

（9）帕金森病人的手平时会情不自禁地抖动。

（10）病人的衣服要消毒，不然它可能传染病毒。

（11）学术交流大会在礼堂举行，会场气氛非常庄严。

（12）他是个很拘泥的人，不喜欢随便与人交谈。

（13）以前我以为他是教师，以后我才知道他是医生。

（14）他根据指定的时间到达了目的地。

（15）就写到这里吧，有事后来再写吧。

3. 请从汉语教学的角度辨析同义词。要求：任选一组；先给出例句，再讲解相同点和不同点；可查词典。

（1）知道—认识　（2）便利—顺利　（3）突然—忽然

（4）一连—连连　（5）幸福—快乐　（6）而—而且

(7) 终于—总算　(8) 变—改变　(9) 充满—充分
(10) 热爱—喜爱　(11) 美丽—漂亮　(12) 以后—然后
(13) 其实—真实　(14) 听说—打听　(15) 坚固—坚强
(16) 立刻—马上　(17) 软弱—虚弱　(18) 帮—帮忙—帮助
(19) 曾经—已经　(20) 但是—反而　(21) 以为—认为
(22) 道歉—抱歉　(23) 祝—祝贺　(24) 红—通红
(25) 关心—关怀　(26) 爱护—珍惜　(27) 孩子—儿童
(28) 坚强—坚持　(29) 难免—免得　(30) 希望—愿望
(31) 恐怕—害怕　(32) 出事—有事　(33) 去世—死
(34) 尽管—哪怕　(35) 保持—维持　(36) 通过—经过（介词）
(37) 聊—聊天儿　(38) 下去—下来（动词）

课后小结

重点掌握同义词辨析的角度和方法，知道在教学中要注意哪些方面。

第八讲　同音词、同形词、异形词、异名词及教学要点

A. 爸爸：人家韩愈二十几岁就进士了，你都三十了，还啃老呢。

儿子：啊？那时候有近视镜吗？

B. 一位台湾交换生感谢大陆的老师时说：

"老师，您这么关心我，让我太窝心了。"

老师听了，大吃一惊。

一、同音词

（一）同音词的定义

声母、韵母、声调都相同的多个词构成同音词。

（二）同音词的类型

1. 同形同音词

几个同音词的书写形式相同。如：

【米[1]】稻米、大米。小粒像米的东西。

【米[2]】长度单位，符号 m。一米等于 10 分米。[英 meter]

【花[1]】种子植物的有性生殖器官，由花瓣、花萼、花托、花蕊组成。

【花[2]】用；耗费。

【老乡[1]】乡亲。

【老乡[2]】戏称乡镇企业。

【打铁[1]】锻造钢铁工件。

【打铁[2]】打破铁饭碗。

【粉丝[1]】用绿豆等的淀粉做成的线状食品。

【粉丝[2]】发烧友。[英 fans]
【瓦[1]】铺屋顶用的建筑材料。
【瓦[2]】由“瓦特”(Watt)的简称而来。
【美[1]】美丽，好看。
【美[2]】指美国(America)。

2. 异形同音词

几个同音词的书写形式不同。如：

联结—廉洁，失误—失物，拦截—拦劫，海带—海岱，地狱—地域
海龟—海归，上调—上吊，游船—邮船，拳术—权术，职务—植物
波兰—波澜，公式—工事—攻势—公事，事务—事物—饰物
屯—垫，乔—桥，平—坪，鱼—渔，消—销

(三) 同音词在汉语中的应用与协调

同音词在汉语中有积极的修辞作用，但也有影响交际效果的消极一面。

1. 积极的作用

同音词在口语交际、文学作品、民俗、广告、谜语等中多有出现。

同音词是谐音双关修辞手段的语言基础，因同音而引起联想是这种修辞手段的心理机制。所谓谐音，就是指字或词的读音相同或相近；所谓双关，即透过表层意义来表明深层意义。谐音双关可以收到风趣、委婉的修辞效果。如：

孔夫子搬家——净/尽是书(书→输)
嗑瓜子嗑出个臭虫来——什么仁都有(仁→人)
伤心细问夫君病→杯盘狼藉(谐“悲盘郎疾”)
春蚕到死丝方尽，蜡炬成灰泪始干。(李商隐《无题》，丝→思)
如果说得更广义一点，“负翁”就是借了银行的钱，每月为了定期把按揭款打进银行账户，不得不从早到晚疲于奔命的一群人。(因“富翁”而造“负翁”)

再比如，为什么中国年画中经常有鱼的形象？就是因为“鱼”与剩余的“余”同音，“年年有鱼”让人联想到“年年有余”的吉祥寓意。另外，许多笑话、人名、店名、网站名等也都是如出一辙。

2. 消极的影响

一方面是易混淆的同音词较多，不利于语言表达的准确性。比如“寻人启事”不应写成“寻人启示”，“融入社会”不能写成“溶入社会”，“脉搏”不能写成“脉博”，“大胆起用年轻干部”不能写成“大胆启用年轻干部”。想要准确地表达语言就需要通过辨析来掌握。下面我们来辨析两组同音词：

【心酸】【辛酸】相同之处是都有苦难、悲痛的意思。不同之处是，【心酸】是动词，指心里痛苦、悲伤：提起那件事他就心酸/让人心酸。【辛酸】是形容词，本义是辣和酸，比喻痛苦和悲伤：饱尝恋家辛酸的人，最珍惜来之不易的幸福生活/辛酸的往事/一把辛酸泪。

【制订】【制定】相同之处是都是动词，都有起草拟定的意思。不同之处是，【制订】表示从无到有的创制、草拟，强调的是制订行为本身，一般用于计划、规划、方案等，如：制订《汉语拼音方案》。【制定】表示做出最后决定，使其完全确定下来，强调行为的结果，它多用于政策、法令、方针、路线、纲领等，如：制定宪法。

另一方面是一部分同音词会给人带来不好的联想。对此，人们总要想方设法加以协调。比如，为什么中国人送礼物不送伞、钟、梨？为什么沿海一带的人吃鱼吃完了一侧时不说把鱼“翻过来”，而要说“滑过来”“转过来”“顺过来”等？为什么要把“期终”考试改成“期末”考试？为什么介绍姓名时会说“我姓张，弓长张”“春晓的晓，梅花的梅”？原因就是为了避免同音词带来的不好的联想或歧义而做出的变通。

二、同形词

（一）同形词的定义

书写形式相同的几个词构成同形词。如：

【长^1】	cháng	形容词，“路很长”的“长”。
【长^2】	zhǎng	动词，“他长高了”的“长”。
【大意^1】	dà yi	形容词，“粗心大意”的“大意”。
【大意^2】	dà yì	名词，“段落大意”的“大意”。
【杜鹃^1】	dù juān	“杜鹃花”的“杜鹃”。
【杜鹃^2】	dù juān	“杜鹃鸟”的“杜鹃”。

（二）同形词的类型

1. 从语音的异同来分类

同形词包括两类：同音的、异音的。比如：【杜鹃[1]】与【杜鹃[2]】是同音的，这种类型就与同音词重合了，一般叫作同形同音词。【大意[1]】与【大意[2]】声调不同，是异音的，一般叫作同形异音词。同形异音词的数量居多。

2. 从音节数量来分类

同形词大多是单音节的，这类词在语文教学中又叫作多音多义词，如【好[1]】hǎo 和【好[2]】hào。

3. 从意义联系来分类

有的同形词之间有意义联系，有的没有。有联系的如：【难[1]】nán 不容易和【难[2]】nàn 不幸的遭遇；灾难。

如果把【难[2]】分解成“很不容易度过的遭遇；灾难”，就可以清楚它们之间的联系了。为什么有联系却又被看作是不同的词呢？就是因为读音不同。我们知道，词是独立的音与独立的意义结合在一起的音义结合体，音变了，就意味着这个结合体变成另外一个结合体了。所以，只要是语音发生了变化，不管意义是不是有联系，都被当成是同形词。

（三）华语区各地同形词

如果我们把视野扩展到境外华语区，就可以发现，同形词更是广泛地存在着。有时候同形词的确影响了不同地域之间的语言交际。比如，如果香港人说“我在班房里上课”，内地的同胞会误以为他在监狱里上课，实际上，香港人管“教室”叫“班房”。台湾人说“透过这种管道”，就是我们所说的“通过这种渠道、途径、方式”。再如，在中国港澳地区及新加坡、马来西亚，“醒目”是“聪明、机灵”的意思，而不是普通话里的“（文字、图片等）形象鲜明，容易看清”的意思。“辛苦”在中国港澳及新马泰有三个意思：痛苦、困难、厉害，“我朋友病得很辛苦”里的“辛苦”就是“厉害”。中国台湾地区及新马的“窝心”是“舒服、满意”的意思，而在普通话里则是指“受了委屈而不得发泄，心中苦闷”。以上这样的词就是不同地域的同形词。这种同形词不可能很快地被统一，也很难统一，只能通过协调来消除交际的障碍。

三、异形词

普通话书面语中并存并用的同音（声、韵、调完全相同）、同义（概念意义、色彩意义和语法意义完全相同）而书写形式不同的词语是异形词。① 下面几组词中横线前面的词就是推荐使用的。

般配—班配，保姆—保母，辈分—辈份，参与—参预，赐予—赐与

四、异名词

异名词是指不同的华语区对同一事物或现象的不同说法，即概念相同，但在各华语区所使用的词形不同的词语。这是狭义的界定。这些词语记录的概念相同，但不同的华语区域用不同的词语来表达。这种异名词很多。例如：负增长（内地港澳）—负成长（台），是用不同的说法来表达“增长率为负值，即减少或下降”。再比如：

画素（台）—像素（大陆）—像数（港澳）
黄金地段（各地）—黄金地（马）
回力球（澳台）—壁球（大陆港澳新马）
端口（大陆）—端子（港澳）—连接埠（台）
人行道（大陆台）—行人道（新马）—行人路（港澳）—人行横道（大陆）—人行过路线（港澳）—行人穿越道（台）
零钱（大陆台）—散纸（港澳）
任意球（大陆）—自由球（港澳台）
商务午餐（港澳）—商业午餐（台）
刻录（大陆）—烧录（台）
刻录机（内地港澳）—烧录机（台）
少管所（大陆）—少年看护所（台）
粗纤维（大陆）—铁维质（台）
通配符（大陆）—万用字符（港澳台）
网友（各地）—网客（新马泰）
网吧（大陆新马泰印尼）—网咖（港澳台）

---

① 引自中华人民共和国教育部、国家语言文字工作委员会发布的《第一批异形词整理表》的说明部分，2002 年试行。

消防栓（大陆台）—消防喉、灭火喉（港澳）
体检、查体（大陆）—验身（港澳）—健检（台）
保险（大陆）—燕梳（港澳）
保险杠（大陆）—保险杆（台）—泵把（港澳）—防撞杠（港澳）
出生证（大陆）—出生证明（大陆台）—报生字（新马）—出生纸（港澳新马印尼）—出世纸（港澳新马印尼）—出生字（新马印尼）
宜居城市（大陆）—宜人城市（新）
移动电话（大陆）—流动电话（港澳）—行动电话（台）
俯卧撑（大陆）—掌上压（港澳）—伏地挺身（台）
植物人（各地）—木头人（泰）
志愿者（大陆）—志工（台）—义工（大陆港澳新马泰）—志愿员（泰）
作案（大陆台）—干案（新马）—造案（港澳）①

五、词汇教学要点

（一）着重辨析易混淆的同音词

对于同音词，要着重辨析常用的容易混淆的同音词，避免同音误用。比如下面这些同音词都是常用的、易混淆的：

必需—必须，本意—本义，功夫—工夫，变换—变幻，启示—启事，反应—反映，国事—国是，过度—过渡，及时—即时，界线—界限，利害—厉害，致病—治病，中止—终止，凡事—凡是，报道—报到，修养—休养，包含—包涵，化装—化妆。

（二）着重掌握异形词的正体

对于异形词的取舍，要依据已经颁布的两个异形词整理表：2002 年《第一批异形词整理表》，共 338 组异形词；2004 年《第二批异形词整理表》，共 264 组异形词。前文列举的异形词是常用的，重点掌握这些就可以了。如果想深入了解，还可以参照最新版本的《现代汉语词典》。

① 以上异名词的例子引自李宇明主编：《全球华语词典》，北京：商务印书馆 2010 年版。

（三）了解华语各区的同形词、异名词

对于同形词，应着重区分华语各区同形词的不同意义和用法，以避免交际障碍。异名词很大程度上会给不同华语区的交际带来影响，所以，也要有意识地了解不同区域的异名词。大家可以参考商务印书馆2010年出版的《全球华语词典》和2016年出版的《全球华语大词典》。

思考与练习

1. 请你用词汇学知识解释下面的词语运用现象或民俗现象。

（1）中国民间风俗画和年画中经常会出现鱼或者鹿；中国人送礼不会送钟；中国人和亲朋好友一起吃梨时不会分吃一个梨；过年时摔坏了盘、碗之类的东西要说岁岁平安。

（2）笑话一则：王五是个股民。这些天股市一直在跌，他心里很不高兴。回到家，儿子喊了声“爹”，王五非常生气地说：“不要叫我爹，要叫家长!”

2. 判断下面句子中词语使用是否正确。

（1）上海各届人士纷纷前来给英雄消防员送别。（　　）

（2）他已经准备好了学习的必须品。（　　）

（3）人的认识是主观对客观的反映。（　　）

（4）他真是个人材，总经理很重视他。（　　）

（5）媒体暴光了刘德华结婚的事。（　　）

（6）我正在复习，没功夫跟你们玩儿。（　　）

（7）为了找回手机，我在宣传栏上贴了一张寻物启示。（　　）

（8）妈妈往我的帐户里汇了一万元。（　　）

（9）市政府鼓励华人积极参与公共事务，大力促进华人溶入法国社会。（　　）

3. 选择正确的同音词填空。

（1）大家__________记住这些校规，要不然就别在这个学校读书。

空气和水是每个人所__________的。（必须　必需）

（2）刘德华的表演有很深的__________。

看了电影《__________熊猫》之后，我也想学中国__________，就像李小龙那样。

这件事等有__________了再说吧，今天太忙了。（工夫　功夫）

（3）墙上贴了一张寻物__________，一张寻人__________。

这件事对我的__________是以后不要相信陌生人。（启示　启事）

(4) 我向来都是不＿＿＿＿＿就不出门。
那个小偷＿＿＿＿＿成乞丐，就在警察眼皮子底下逃走了。(化装　化妆)

(5) ＿＿＿＿＿都应该先定个小目标。
＿＿＿＿＿爸妈让我做的，我都尽力去做。(凡事　凡是)

(6) 我的＿＿＿＿＿是想让你早点回家，不是不让你在外面玩儿。
“年”的＿＿＿＿＿是“谷物成熟”。(本义　本意)

(7) 这种药会有不良＿＿＿＿＿，比如拉肚子、发烧。
学生们向班主任＿＿＿＿＿，最近经常有人在教室里吸烟。(反应　反映)

(8) 为了让高中毕业生顺利＿＿＿＿＿到大学生，老师们安排了许多社团活动。
考试时千万不要＿＿＿＿＿紧张。(过度　过渡)

(9) 今晚的新闻＿＿＿＿＿了这位警察救人的事儿。
今年的新生＿＿＿＿＿安排在开学的第一天。(报道　报到)

(10) 这个人很有＿＿＿＿＿，从来都不和人争什么。
老王身体不太好，现在在北戴河＿＿＿＿＿呢。(修养　休养)

(11) “你真厉害!”这句话＿＿＿＿＿了好几个意思。
演得不好，请大家多多＿＿＿＿＿。(包含　包涵)

课后小结

重点掌握容易混淆的同音词、异形词及了解不同华语区的同形词、异名词。

第九讲　现代汉语词汇的构成及教学要点

“天、我、知道、树、走”，“古董、蓄电池、国标、盲肠”，这两组词在词汇系统中的地位是不一样的，为什么呢？

“生猛、拥趸、泊车、牛腩、人蛇”是从哪里引入普通话词汇系统的呢？

“国际互联网、局域网、磁盘驱动器”是什么时代产生的词语呢？

现代汉语词汇是一个复杂的体系，从不同的角度可看到不同种类的词语。这一讲我们介绍两个角度的分类，一是根据词语在词汇系统中的作用、地位的不同而区分出的基本词汇、一般词汇；二是从来源角度而区分出的固有词语、新词语、方言词语、外来词语、行业词语、境外华语词语。

一、基本词汇与一般词汇

（一）基本词汇与一般词汇的定义

基本词汇是人们在日常生活中普遍使用的、稳定的词语的总汇。如：今天、人、可能、好、要、走、吧、这……这些词语我们几乎每天都在使用，而且非常稳定。词汇体系中基本词汇之外的都属于一般词汇。

一般词汇是人们在日常生活中较少使用的或者不稳定的词语的总汇。如：假使、顾名思义、教材、中央处理器、环保、超女……这些词或者较少使用，或者还不稳定。

（二）现代汉语基本词汇包括的词语类型

现代汉语基本词汇可分为以下十二大类①：

（1）关于自然界常见事物的词语。如：天、地、风、云、水、火、树、草、牛、

---

① 曹炜：《现代汉语词汇研究》，北京：北京大学出版社2004年版。

羊、太阳、月亮等。

（2）关于人体各部分的常用词语。如：头、手、脚、血、胸、心、肝、胃、眼睛、牙齿、耳朵、鼻子等。

（3）关于劳动工具、对象和生活用品的常用词语。如：刀、锄头、铲子、田、地、车、机器、笔、纸、米、盐、柴、菜、锅、灯、沙发、床、房子、衣服、帽子、袜子等。

（4）关于亲属关系的常用词语。如：爷爷、奶奶、爸爸、妈妈、哥哥、姐姐、弟弟、妹妹、姥姥、舅舅、叔叔、妻子、丈夫等。

（5）关于人类精神文化生活的常用词语。如：朋友、恋爱、结婚、离婚、书、电影、电视等。

（6）关于方位、处所和时间的常用词语。如：上、下、左、右、里面、外边、今年、秋天、上午、以前等。

（7）关于人或事物的行为和变化的常用词语。如：走、说、唱、听、吃、想、学习、洗、爬、休息、发展、改变等。

（8）关于事物的一般性质和状态的常用词语。如：大、长、浅、轻、软、绿、高兴、舒服等。

（9）关于行为、性状的程度、范围、方式、语气、时间、频率等的常用词语。如：很、最、非常、更加、稍微、总共、已经、曾经、刚刚、在、终于、始终、必须、的确、没有、亲自、赶紧、难道、幸亏、大约、反正等。

（10）关于数量概念的常用词语。如：一、十、万、亿、个、只、斤、尺、千米等。

（11）关于指称和代替的常用词。如：我们、他、这、那样、什么、怎么样、谁、那么等。

（12）一部分常见的连词、介词、助词、语气词和叹词。如：和、跟、同、而且、或者、不但、但是、因为、所以、从、向、到、靠、通过、根据、比、被、让、啊、哎、吗、呢等。

从这些例子中可以看出，现代汉语的基本词汇当中既有实词，也有虚词，既有单音节的词，也有多音节的词。

（三）现代汉语基本词汇的本质特征

1. 全民普遍使用

基本词汇代表着常见的事物、现象。凡是使用普通话的人，不管哪个阶层、群体，什么行业、年龄、文化程度，生活在哪个地区，都会使用到这些词语。

2. 极强的历史稳定性

基本词汇在几十年里甚至千百年里稳定地存在着，但这个稳定性要看不同的时期。学者们将汉语史分作四段：先秦两汉、中古、近代、现代。每个时期都有自己的基本词汇，上个时期的基本词汇可能发展到下一个时期就不再是基本词汇了。在先秦两汉至近代一直稳定地使用着的词语到了现代汉语中就消失了，即使使用时间再长，也不能算作现代汉语的基本词汇的特点。作为一个基本词汇，至少要有几十年以上的稳定性。

以往的学者们认为，所有的基本词汇都具有很强的构词能力。这种说法只能概括一部分基本词汇的特点。现代汉语词汇中多音节词占大部分，另外还有部分虚词，基本词汇中也有不少是多音节词或虚词，它们是不能再参与构词的，或极少参与构词，如“吗、太阳、电视”等。所以说，“很强的构词能力”这一条只能概括一部分单音节的基本词汇。

综上所述，我们把现代汉语基本词汇的本质特征概括为“全民普遍使用”和“极强的历史稳定性”，二者缺一不可。比如“非典”虽然在 2003 年具备“全民普遍使用”这个特征，但不具备“极强的历史稳定性”，现在人们就很少用到它了。“籍贯”这个词虽然很稳定，但不具备“全民普遍使用”这个特征，也不是基本词汇。“电视”是基本词汇，因为两条特征都具备了。

二、现代汉语词汇的来源

现代汉语词汇是一个渐渐变化的系统，它的主体是由上古、中古和近代汉语所流传下来的词汇组成的，保证了这个系统的稳定性。同时它又是一个开放的系统，为了满足表达的需要，它不断地吸收来自不同语言、方言、行业等的词语来补充自己。现代汉语词汇有多个不同的来源，根据不同的来源可分为以下六种词语：固有词语、新词语、方言词语、外来词语、行业词语、境外华语词语。

（一）固有词语

现代汉语词汇中的成员不都是现代才产生的，许多是从上古汉语（公元前 18—3 世纪）、中古汉语（公元 4—12 世纪）、近代汉语（公元 13—20 世纪初）中继承下来的，一直延续至今。这部分词语根据使用的状况可分成两类：

1. 传承词

传承词是从早已存在的词汇中传承下来的比较常用的词语。比如来自上古汉语的词：月、星、火、水、雨、雪、风、灾、东、南、虎、象、鸡、马、车、王、天、首、面、祸、人、父、母、兄、弟、夫、妻、伐、征、杀、饮、食、来、往、出、入、见、望、一、二、三、四、十、大、小、少、白、黄、红、绿、心、鬼、钱、豆、丝、道、德、侏儒、便利、供给、休息、和睦、刻薄、衰老、穷困、得失、四海、地理、黄金、法官、从事、将军、自杀、肢解、衣服、服从、唇亡齿寒、百战百胜、小心翼翼、夜以继日等。

来自中古汉语的词：村、店、等、棉（一年生草本植物，果实像桃）、添、桌、椅、泊（船靠岸）、赶（追）、瞎（丧失视觉；失明）、炕（北方一些地区用土坯或砖砌成的睡觉用的长方台，上面铺席，下面有孔道，跟烟囱相通，可以烧火取暖）、爹、粽、墅（田野间简陋的房子。泛指别墅）、打、划（划船）、觅、捻、矮、凹、尖、硬、丁当、含糊、丘八（兵，含贬义）、鱼儿、馒头、心头、思想（思念、想念）、研究、允许、仔细、爱护、剥削、零乱、稳当、举止、早晚（或早或晚）、负心、耐烦、取笑、告辞、摆脱、割裂、官员、而立、刹那、阿弥陀佛、和尚、魔、地狱、烦恼、方便（佛教指权宜。对各种不同程度的人，采取各种不同的传教方式使之信仰）、平等、世界、习气（由现行烦恼历久而形成的种种积习）、圆满、真谛、转变、蓬头垢面、万水千山、不可思议等。

来自近代汉语的词：镯、瞧、瞅、焐、戳、丢、搁、砸、炸、找、扯淡、刷子、发放（处理；发动；把钱物分发给人）、歹、蘑菇、站、格格、乖乖、呆子、兴头、勾结、爽快、口袋（衣兜）、上好、光溜溜、气呼呼、导火线、资本家、文学家、世界语、地平线、三角形、长方形、自行车、摩托车、慢条斯理、脑袋瓜子、亚细亚、电话、独裁、轻工业、优生学（一种学科）、领土、教科书、集团、企业、世界观、无产阶级、小夜曲、法人、动员、总领事、白羊宫（黄道十二宫的第一宫）、民族主义等。

传承词基本上是稳定的，但也会逐渐地发生变化。比如意义上的变化："天"，本义是头顶；"钱"，本义是铁制的农具。这两个意义现在已经消失了。"瞎"本义是一只眼睛，现在不专指。再比如结构上的变化："耐烦"现在一定要和"不"合在一起，说成"不耐烦"；另外，像"月、父、母、伐"等许多单音节词发展到现代汉语中，已经不再作为一个词来使用了，只能作为语素出现在合成词里。

2. 今用古词语

今用古词语很少使用到，只是出于特殊的表达需要才会使用到。包括文言词和历史词。

文言词是口语中不用，只用于书面语的词语，比较古雅，往往是为了满足特定的修辞需要。如：怎奈、何其、而已、氤氲、银汉、引咎、饮恨、膺选、畛域等。

历史词是表示历史上的事物或现象，涉及相关的历史时才会使用的词，如：宰相、员外、徭役、小厮、八股、榜眼、榜文、逼宫、陛下、贬谪、骠骑、别子、兵符、帛画、采地、策论、禅让、朝拜、朝贡、朝见等。

（二）新词语

现代汉语词汇系统中除了继承下来的固有词语之外，随着新事物、新观念的不断产生，新词语也不断地补充进来。新词语这个术语有广义和狭义的理解，广义的指在某一时段内出现在普通话词汇系统中的、具有一定的复现性的、有新的形式和意义的词或短语，或只具有新的意义、用法的词或短语，或只具有新的形式的词或短语。刚刚进入普通话词汇系统的方言词语、境外华语词语以及外来词语等，都属于新词语的不同类型。狭义的指在某一时段内创造出来的、具有一定的复现性的、有新的形式和意义的词或短语，或只具有新的形式的词或短语。只指新创造出来的新造词语，不包括引进的方言词语、境外华语词语，以及字母形式或完全借用的外来词语等。

这里我们采用狭义的理解，只指新造词语。例如：癌变、白粉、国格、绯闻、个展、飞车党、个唱、个税、网吧、网虫、托老所、私家车、手模、车模、双抢、扶贫、新宠、特卖、上班族、时蔬、期房、吧台、超女。

20世纪初至中华人民共和国成立时期，中国在政治、经济、科技、文艺等领域，全方位地急剧变革，产生了大批新词语。如：剧场、决算、肯定、空间、口腔、矿泉水、劳力、离婚率、理论、实验、实验心理学、实质、食管、修辞学、修正案、原子、原子量、子法、自觉、自然力、自然人、自然物、自由女神像、交战国、金本位、经验论、发表、方法、肥料、否认、敢死队、革新、国民经济、号外、建设、戒严令、霉菌、默认、破裂、社会现象、社会主义者、生产、生产资料、市厅、市政、事业、术语、速成、炭矿、停课、退学、先驱、自由竞争、自由贸易、比较语言学、概论、高等教育、美学、燕尾服、词、磁力、代名词、电影、短语、副词、感叹词、接续词、介词、命令句、实习、网球、微积分、无机化学、香烟、心理学、星期、现役军人、议事日程、劣根性、买空、卖空、气象台、任免、所在地、委员、广义、海星、黑猩猩、社论、神经细胞、审美、智能、半月刊、棒球、必修、撑竿跳、寒假……

从20世纪70年代末至今，社会急剧变革，同样产生了大批新词语。例如：红筹股、利改税、起拍、标的、观光农业、关税壁垒、招资、合资、独资、台资、日资、会展经济、下岗、复关、入关、世贸、保税区、两头在外、宏观调控、软着陆、笔记本电脑、闭路电视、大哥大、磁卡电话、家庭影院、防火墙、电脑病毒、电子邮件、多媒体、计算机断层扫描、信息高速公路、内存、数据库、硬件、软件、数码相机、微信、被叫、可视电话、电子耳、光子计算机、服务器、电游、国际互联网、局域网、磁盘驱动器、机译、电子屏幕、壁挂电视、大科学、科技工业园、科学公园、科技商人、硬科学、高技术、光缆、加速器、中子、兼容、手机、扩招、保送生、推荐生、定向、定向生、代培、代培生、开放式教育、考博、老年大学、学分制、博士后、在职生、终身教育、远程教育、成教、被动吸烟、临终关怀、精子银行、代孕母亲、非处方药、鸡尾酒疗法、宠物医院、立交桥、度假村、高速公路、地铁、轻轨、悬浮列车、反腐倡廉、盗版、扫黄打非、走穴、有氧运动、代沟、老龄化社会、社会病、城市语言、著作权、寻根文学、后现代主义、解构主义、休闲服、美发厅、微波炉、电子琴、方便面、绿色食品、保健操、信用卡、廉租房、拼车、悲催、群租、团购、网购、美甲、自助游、背包客、假唱、冷暴力、潜规则、裸婚、闪婚、闪离、裸考……

新词语的产生与人们的社会生活有着密切的关系。一般都可以在新词语的背后直接找到某一具体的社会生活事件。社会变迁越急剧，新词语的产生也就越频繁。有的新词语会随着人们的广泛使用而进入普通话词语，成为词汇体系中的新成分，比如“电视”一词；有的则会在人们不再关注它们时逐渐消亡。新词语的产生成为现代汉语词汇的另一个重要来源，而且可以说是最重要的来源。

（三）方言词语

1. 方言词语和方源词

方言词语是指只在某个或某些方言区内使用的词语。方言词语与普通话词汇最主要的区别在于使用范围大小的不同。例如东南方言区的：

闽语：厝（房子）、目珠（眼睛）、生卵（下蛋）、嗣大侬（通称父亲和母亲）、扇喙（打耳光）、甚物（什么）、散魂仔（二流子）、煞气（过瘾）、水查某（美女）、逊昨天（大前天）

粤语：屋企（家，家里）、亚嫲（祖母）、几（程度副词，挺，相当）、细（小）、未够（不到）、好彩（幸运）、老窦（父亲）、得闲（有空，有时间）

吴语：交关（许多）、拆烂污（捣乱，拆台）、亮月（月亮）、家生（家具）、勤力（勤快）、长子（高个儿）、浜（沟，小河）、髈（腿）、顶真（认真）

官话区的如：

疙瘩（地方）、唠嗑（聊天），属东北官话。

半晌（半天），属北京、东北、冀鲁、江淮和中原官话。

吵吵（吵嚷），属北京、东北、冀鲁、胶辽、中原官话和晋语。

这些方言词语的使用范围不算大。有些方言词语会随着使用范围的扩大，具有普通话词语的性质，这部分词语称为方源词（也叫“普用方言词”）。随着时间的推移，有些方言词语的方言色彩会渐渐消失，根本看不出是来自方言区的，这些词便成为方源词。如：

板上钉钉、摆谱儿、败家子、板着脸、不起眼、差劲、出息、上火、老板、夜猫子、打退堂鼓、打哈哈、围脖儿

有的虽然通用性较强，已进入了普通话，但还保留着一定的方言色彩，如粤语的“靓”（仅吸收了“人长得漂亮”义），我们还能感觉到它是来自方言区的。

2. 方言对现代汉语普通话词汇的影响

现代汉语普通话的基础方言是北方方言（官话），官话的词汇是现代汉语普通话词汇系统最主要的来源。但并不是所有的官话词语都属于普通话词汇，只有那些在官话各区内通用性很强的词语才会成为普通话词汇的成员。相比而言，官话区的词语更容易进入普通话词汇系统，非官话区的进入的则少很多。

在现代汉语的发展早期，方言词语对共同语词汇系统影响的程度很小。1929 年出版的《国音白话注学生词典》[①] 记录了这个时期出现的部分方言词，如来自吴语的“面汤（洗脸的水）、软饱（喝酒）、阿（用作问词）、阿侬、阿哥、阿弟、阿爹（父亲）、阿姨（妻妹）、阿妹、阿公（夫之父）、阿舅、阿妈、阿叔、阿嫂、蚕禁（吴地，在养蚕时期，家家闭户，往来庆吊都不举行）”，来自粤语的“蜑户（同疍户）、龙户（蜑户）、蜑人、疍家（疍人以艇为家）、蜑船（蜑人住的船）”，来自东北官话的“窝集（老林）”。以上各例是该词典后半部的全部方言词，为数极少。影响力较大的方言是吴语，这种势头持续到了二十世纪六七十年代。

进入二十世纪八九十年代，随着广州及其毗邻的香港经济的腾飞，粤语所负载的经济产品与娱乐文化产品不断北上，人们在接受南方的物质文化与精神文化的同时也接受了粤方言词语。比如 1996 年第 4 版的《现代汉语词典》收录了“巴士、的士、生猛、炒鱿鱼、煲电话粥”等少数粤方言词语，2005 年第 5 版收录了“按揭、楼宇、

① 唐昌言等编纂：《国音白话注学生词典》，北京：商务印书馆 1926 年版。

楼盘、楼花、置业、物业、写字楼、烂尾楼、超值、靓女、车市、断码、打表、大巴、会所、廉租、德比、爆料、爆棚、煲电话粥、炒更、非礼、耳麦、生猛、拥趸、泊车、拍档、牛腩、人蛇、线人、雪藏、花心、搞定、买单”等近100个粤方言词语。

另外，二十世纪八九十年代，北京官话的一些词语也被较多地吸收了进来。这当中主要是经济与文化因素在起推动作用。

（四）外来词语

1. 外来词语的定义

外来词语是指从非汉语的其他语言中吸收过来的词语。当两种语言接触时，词语的借用与吸收是难以避免的，这就产生了外来词语。

2. 汉语外来词语的概况

在汉语词汇史上，曾经发生过几次吸收外来词语的高潮，分别是：两汉至隋唐，带来了西域诸国的事物类词语和佛教词语；明代后期，引进了西方科学技术术语；近代，直接或间接地输入了西方科学技术、政治哲学类词语和社会生活类词语；当代，广泛地吸收了各个领域的词语。从汉语外来词语的来源上看，有英语、日语等。从词类上看，最多的是名词，少数是动词、形容词。

当代汉语外来词语的借入具有数量多、涉及面广的特点。有科学技术、思想文化、政治经济类，也有生活娱乐、饮食穿着、艺术体育类，呈现词汇的多方位渗透、多层次引进的态势。引进的语言多为英语，因为英语是当今世界上最通行的语言，例如：

科学技术类：基因（gene）、厄尔尼诺现象（EL Nino）、B超（b-ultrasound scanner）、艾滋病（AIDS）、克隆（clone）。

思想文化类：托福（TOEFL）、霹雳舞（break dance）、迪斯科（disco）。

政治经济类：欧佩克（OPEC）。

生活娱乐类：桑拿浴（sauna）、士多店（stores shop）、BB机（pager）、巴士（bus）、的士（taxi）、波音（Boeing）、奔驰（Benz）。

饮食穿着类：麦当劳（McDonald’s）、百事可乐（Pepsi）、雪碧（Sprite）、比基尼（bikini）、士力架（Snickers）。

艺术体育类：好莱坞（Hollywood）、保龄球（bowling）、呼啦圈（hula hoop）、高尔夫球（golf）。

当代的汉语外来词语中，还有一部分来自日语，例如：

卡拉 OK（一种有音乐伴奏的自唱形式）、料理（烹调）、屋（小型专卖店）、洗手间（厕所）、量贩（批发）、写真（照片）、新干线（高速铁路系统）、刺身（一种食品）、寿司（一种食品）、物语（故事、传说）、速达（特快专递）、展示（展览）、放送（播放、演播）

外来词语与社会政治有着较密切的关系。当社会处于相对开放，与外部世界来往较多的时期，语言一般也会表现出较多的相互渗透、相互借用，这是因为其他国家的观念意识、科学文化、物质商品都会随着各种途径传进来。外来词语的多少还与语言地位的高低与影响力的大小有关，一般会表现出强势语言对其他语言有着较大影响力的特点。

3. 汉语外来词语的吸收方式

汉语在吸收引进外来词语时采取多种方式，包括：音译、音译兼意译、借形、转借日语。这当中不包括单纯的意译。

（1）音译。

音译是用汉字直接对应源词的音，而不考虑汉字本身的意义。这类外来词语数量最多，例如：

比基尼（bikini）、克隆（clone）、摩登（modern）、沙龙（salon）、舍宾（shaping）、派（pie）、麦当劳（McDonald's）、的士（taxi）、扑克（poker）、厄尔尼诺现象（EL Nino）

（2）音译兼意译。

这种方式既考虑到了汉字的读音与源词读音的对应，也考虑到了意义的对应或者是赋予。根据音译和意译结合的方式，可分为以下五个小类：

A. 音译和意译是合在一起的，例如：

基因（gene）、香波（shampoo）、幽默（humor）、引擎（engine）、黑客（hacker）、绷带（bandage）、乌托邦（Utopia）、博客（blog）、模特（model）、嘉年华（Carnival）、席梦思（Simmons）、托福（TOEFL）、奶昔（milk shake）、披头士（Beatles）

B. 音译和意译是分开的，词语的一半对应源词的读音，另一半表示意思，例如：

绿卡（green card）、新西兰（New Zealand）、呼啦圈（hula hoop）、华尔街（Wall Street）、冰淇淋（ice cream）、马克思主义（Marxism）

C. 在音译基础上再加上一个源词没有包含的表示事物类属的表意语素，例如：

啤酒（beer）、酒吧（bar）、卡片（card）、爵士乐（Jazz）、芭蕾舞（ballet）、艾滋病（AIDS）、吉普车（jeep）、沙丁鱼（sardine）、高尔夫球（golf）、桑拿浴（sauna）

D. 在音译兼意译的基础上加上一个源词没有包含的表示事物类属的表意语素，例如：

保龄球（bowling）、霓虹灯（neon）

E. 一部分是音译兼意译，另一部分是意译，例如：

浪漫主义（Romanticism）、迷你裙（mini skirt）、霹雳舞（break dance）

（3）借形。

借形是指直接吸收源词的形、音、义，或部分吸收源词的形、音、义。其中一类是完全用字母形式来表达的，我们称其为“完全借用”，例如：

E-mail、WTO、Fax（facsimile）、BBS（Bulletin Board System）

另一类是部分用字母形式来表达，部分用汉字来表达。我们称其为半借用，例如：

T恤（T-shirt）、IP地址、BB机、X光（X-rays）

（4）转借日语。

这是一种特殊的外来词语，即从日语转借过来的词语。由于日语大量使用汉字，我们在借用时就有很大的便利，可直接将其形体和意义吸收进来，但不借用其日语读音，例如：

近代引进：法则、博物、法人、具体、干部、否定、光年、大气、不景气、淋巴、腺、俱乐部、教案、教材、教程、课程表、教科书、讲义、发行、手续、浪人、干线、写真、体操、体育、柔道、武士道、被选举权、寿司、内分泌、派出所

当代引进：人气、料理、洗手间、~屋（店）、~族（具有某种特点的一类人）

单纯的意译词只考虑汉字的意义的对应，它是将外来的概念借用过来，而造词的材料和方式都是汉语自身固有的，所以不把它们看成外来词语，例如：

软件（software）、牛仔（cowboy）、鸡尾酒（cocktail）、超级市场（supermarket）、超人（superman）

4. 外来词语与汉语词汇的相互影响①

（1）外来词语补充、丰富了汉语词汇。当汉语没有相应的词语时，外来词语就可以起到填补空缺的作用，例如“AA 制、肯德基”。如果汉语中有相应的词语，就很可能形成双方的竞争、相互对立、并存的形势，如“的士”与“出租汽车”，“巴士”与“公共汽车”；也会出现一方取胜，另一方隐退的情况，例如：来自俄语的“布拉吉”现在几乎已经不用了，改用“连衣裙”。

（2）随着时间的推移，部分音译外来词语或包含音译成分的外来词语会受汉语词汇语素提示词义的特性的影响，出现意化倾向，比如清末民初对 president 一词的翻译有：伯理师天德（1852 年）、伯理喜天德（1853 年）、伯勒西敦（1856 年）、首领（1857 年）、伯理喜顿（1872 年）、总统领（1872 年）、民主（1873 年）、众统领（1874 年）、伯理玺（1879 年）、大总统（1879 年）、总统（1879 年）、大统领（1898 年）、百里玺天德（1919 年）。“总统”虽不是最晚出现的，但最终胜出。当然不是所有的音译外来词语都有这种意化倾向，比如“的士”就已经占主导地位了。这是汉语词汇对外来词语产生的影响。

（3）汉语词汇对外来词语产生的影响还表现为，部分音译或音译兼意译外来词语的单音节语素化。有些多音节的音译或音译兼意译外来词语因为经常使用而简化，并多次参与构成新词；或者因经常使用，就用其中的一个音节来代替整个音译词，并参与构成新词。如“酒吧”的“吧”就代替了“酒吧”这个词，并参与构成了“迪吧、吧台、吧女、泡吧、网吧、陶吧”等，而且其意义后来也发生了变化。再如“迪（迪

① 参见邵敬敏：《现代汉语通论》，上海：上海教育出版社 2003 年版，第 139 – 140 页。

斯科)、奥（奥林匹克)、的（的士)、巴（巴士)”等都是独立的单音节语素了。

（五）行业词语

1. 行业词语的特征及其扩展

行业词语是指各种行业和学科专门应用的词语。如：

用于工业的：切削　冷焊　油压　热处理
用于农业的：轮作　中耕　复种　保墒
用于商业的：盘存　销路　回扣　分税制
用于外交的：照会　国书　大使　领事
用于哲学的：物质　精神　唯物　量变
用于数学的：函数　微分　象限　线段
用于文艺的：典型　特写　素描　圆舞曲
用于语言学的：音节　句法　主语　宾语

行业词语的特征是具有单义性，并且一般只在本行业、本专业范围内使用。

但是由于社会的迅速发展，科学文化知识、工商业知识的逐步普及，有些行业词语也可能扩大使用范围，成为通用词语，有的还会产生引申义。例如：医学用语“麻痹、感染、瘫痪、消化、流产、消毒、小儿科、病毒”，化学用语“腐蚀、饱和、分解、反应”，军事用语“进军、突击、基地、看齐”，体育用语“二传手、打擦边球”，生物学用语“激活”，信息科技术语“软件、硬件”，航天科技术语“软着陆”等，这些词语有的保留原义，有的由单义词发展为多义词，起到了丰富词汇的作用。如：

【套牢】预期证券价格将上涨而买入，结果价格不涨反跌，投资者不甘心在低价位卖出，被动等待价格回升，致使资金在较长时间内被占用，这种情况叫套牢。现泛指被束缚住。

【造血】原指肌体自身制造血液。现喻指依靠自己的力量，通过内部调节保持部门自身的活力。

【会诊】医学上本指多位医生共同诊断、治疗病症。现也喻指各有关方面和人员共同研究解决问题。

2. 行业词语中的特殊词语——隐语

行业词语中有一类特殊的词语，叫隐语。隐语是社会上特殊的人群中使用的为避免外人了解的替代性秘密用语。如：

【矮半截】扒窃熟睡之人的钱物。北京地区用语。

【暗挂子】有武功的人偷窃。

【白狗】公安干警。北京地区用语。

【高买】扒窃商店里的东西。

隐语是社会方言的一种，其功能在于保密性，只局限在某些特定的范围内使用。历史上很多行当都有隐语，中华人民共和国成立前这些词语集中于卜卦、说书、魔术、武术、卖艺、赌博、窃贼等方面，中华人民共和国成立后这些词语集中于不法活动方面。

有些隐语也可演变为某个地区或全社会通用的词语。如：【拔份儿】自以为很棒，想震住他人。原为北京地区用语，后来扩展到普通人的语用当中，义即“突出个人，出风头”。再如“线人”“撕票”“托儿”等都进入了日常用语中。

（六）境外华语词语

“华语是以现代汉语普通话为标准的华人共同语。”① 华语不同于境外华人所使用的闽、粤、客等方言，也不完全等同于大陆地区的普通话，而是“现代汉语标准语的全球性称谓”②。

境外华语词语是境外华语区域专用或通用的，反映该区域的政治、经济、文化的词语。它是普通话词汇系统的重要来源。

例如台湾的华语词语：“泛蓝军”“泛蓝阵营”是外界对国民党及从国民党分裂出来的亲民党、新党等泛国民党势力的统称，这是以国民党党旗的蓝色主调而喻称。“泛绿军”“泛绿阵营”指以民进党为主及支持他们观点的民众，因民进党的党旗以绿色为主调而借喻。

再如香港的华语词语：“两文三语（书面上指中文、英文，口头上指英语、粤语和普通话）、母语教学（中文教学以粤语为教学语言）、优才计划、八卦文化、八卦杂志、无厘头文化、即食文化、四大天王、香港电影金像奖、影帝、影后、三级片、香港小姐、亚洲小姐、港督、总督、布政司、律政司、特区首长、廉政公署、太平绅士、草根阶层、夹心阶层、弱势团体、弱势社群、负资产人士”等。

再看新加坡的例子：中国内地有“居民经济适用房”，香港有“公屋”“居屋”，

---

① 郭熙：《论“华语”》，《暨南大学华文学院学报》2004 年第 2 期，第 56 – 65、75 页。

② 郭熙：《论“华语”》，《暨南大学华文学院学报》2004 年第 2 期，第 56 – 65、75 页。

台湾有“社屋”“国宅”（“国民住宅”）；新加坡则有“组屋”。这几个词语，概念内涵不完全相同。“组屋”是新加坡政府建屋发展局建造的居民住宅，政府资助低收入的家庭和年轻夫妇购买组屋，八成以上的新加坡人住在组屋，这是新加坡政府的建设成就之一。“组屋区”是由一座座组屋组成的，相当于中国内地的“新村、小区”之类。再如，“三合一家庭中心”，即托老、托儿、托幼的三托中心。“限制护照”，即“大马护照”，是新加坡人出入马来西亚的旅行证件。

再如泰国的“象奴/象夫”（饲养和驯服大象的工人），美国的“绿咭”（绿卡），印度的“纱丽”，日本的“形骸化”（失去原有的意义和作用，变成空架子）、“异变”（不正常的变化）、“残留孤儿”（因父母死亡或返回日本而被留在中国的孤儿）、“适任”（胜任），澳大利亚的“雅博文”（公寓），加拿大的“柏文”（公寓），美国、加拿大的“金龄”（老龄），文莱的“卡吝雅/卡巴亚”（马来族女上装）等。

随着中国内地跟境外华人的接触日益频繁，各种境外华语词语逐步引进，并且流行起来，进入普通话的范畴。例如：“二人世界、白马王子、婚外情、金丝鸟、度假村、发烧友、蓝领、白领、非礼、色狼、牛市、熊市、草根阶层、总督、作秀（表演）、麻辣（形容言行或事物富有刺激性）、楼花（期房）、傲人、秀服（演出服）、誓言（发誓；起誓）、妈咪、雪种（制冷剂）、血拼、祖籍国、自由行、无厘头”等。

三、词汇教学要点

（一）新词语的教学

教材里收录的新词语是那些已经经过了长期广泛使用后存留下来的，所以有着明显的选择性和滞后性。而新词语的产生是永不停止的，大多以媒体为推手向全民辐射。这需要教师能够即时跟进，把那些教材没有收录但接受和使用范围广，同时又有一定的稳定性的新词语，适时、适度地教给学生。这个“时”如何把握呢？我们建议不要为教新词语而教新词语，可以在碰到相关的情境或相关的词语时再代入新词语。比如在讲到买房时，可以把“房奴”带出来，并顺藤摸瓜带出几个“～奴”。广义的新词语也包括新词义，在讲到“晒”时可以把它的新意义“把东西摆出来让别人看到、知道”带出来，并告诉学生这个“晒”后面可以搭配很多事物，如照片、工资、分数。“度”就是要适度，每次教新词语不要超过三个。

（二）外来词的教学

汉语的外来词不包括纯粹意译的，所以，除了来自日语的外来词，其他都与源词有着语音甚至是书写形式上的联系，这种联系为教学提供了便利。同时，外来词进入汉语后，意义上的改变不大。所以在教学时，可采用翻译法解释源词，并与相应的外来词进行语音上的比较，以加强理解和记忆。

思考与练习

1. 填空。

（1）按词在词汇系统中的地位和作用，可以把词汇分成__________和__________两类。

（2）基本词汇具有__________、__________两个主要特点。

（3）现代汉语普通话词汇系统的来源有__________种，分别是______________________________________。

（4）“手续、景气、引渡、人气、卡拉 OK”，都是从__________语引进的外来词。

（5）隐语是__________词语中的一种特殊类型。

（6）__________方言的“靓”（漂亮）已进入了普通话词汇系统中。

2. 下列词语有些不是外来词语，有些是。如果是，请说出其引进方式。

E-mail、伊妹儿、电子邮件、电子函件、电邮、BP 机、BB 机、Call 机、寻呼机、传呼机、呼机、CT、计算机断层扫描

3. 查词典，说出这些新词语的意思。

瘦身、小资、网恋、IN、N、按揭、样板房、非典、神六、炒房、经适房、博客、凤凰男、海选、韩流、生态难民、斩获、冷暴力、杯具、神马、正能量、微信、悲催、群租、团购、网购、美甲、自助游、背包客、假唱、潜规则、裸婚、闪婚、闪离、裸考

4. 请举例说明现代汉语吸收外来词语有几种方式（含二级分类）。

5. 请你说说你的母语中吸收外来词语有哪些方式。和现代汉语相比，有哪些不同的方式。

6. 请举出你的母语中的 10 个基本词，并和现代汉语进行比较，看看有哪些不一样的地方。

课后小结

区分开基本词汇和一般词汇，现代汉语普通话词汇的六种来源：固有词语、新词语、方言词语、外来词语、行业词语、境外华语词语。

第十讲　汉语熟语及教学要点

“买咸鱼放生——不知死活”说的是什么意思？

“狗熊嘴大啃地瓜，麻雀嘴小啄芝麻”跟狗熊和麻雀有什么关系？

“我考了第五名，我认为这个成绩好极了，可是妈妈认为微不足道这个成绩。”这句话说得对不对？

汉语的熟语包括四种：成语、歇后语、谚语、惯用语。它们是固定短语的重要组成部分。

一、成语的界定和特点

（一）成语的定义

成语是历史上沿用或群众中长期流传的含有特定意义的以四字格为主并具有二二相承[①]结构的固定短语。

（二）成语的特点

1. 历史传承性与书面语性

成语的历史传承性表现得特别突出，很多成语都是沿袭而来的，有的出自典故，有的出自历史故事、神话、寓言，有的出自古典诗词。这就使得成语有很强的书面语特征，例如：

【南柯一梦】出自唐李公佐《南柯太守传》。淳于棼醉后梦入大槐安国，官任南柯郡的太守，二十年享尽荣华富贵，梦醒后发现庭院里南边的大槐树下有一个蚂蚁洞，洞里有用泥土堆成的宫殿、城池等，他才恍然大悟，梦中所见到的槐安国，应该

① “二二相承”的观点转引自温端政：《汉语语汇学》，北京：商务印书馆 2005 年版，第 70 页。

就是这个蚂蚁洞。后人因此用“南柯一梦”借喻世间的荣华富贵不过是一场梦。现在常用此词比喻空欢喜。

【草木皆兵】出自《晋书·苻坚载记》。前秦主苻坚在淝水战败，与弟苻融登寿春城而望晋师，见阵容齐整，将士精锐，又北望八公山上草木，皆类人形，感到惊惧。后用来形容疑神疑鬼。

【地老天荒】出自宋杨万里《谒永佑陵归途游龙瑞宫观禹穴》诗：“禹穴下窥正深黑，地老天荒知是非。”形容经历的时间长久。犹言地为之老，天为之荒。形容极其感人。也谓改朝换代。

也有少数成语出自老百姓的口头创作，因而具有口语特征。比如：半斤八两、大手大脚、呆头呆脑、鸡毛蒜皮、乱七八糟、七嘴八舌、三长两短、三心二意、说三道四、头重脚轻、有板有眼。

2. 意义上的双层性

大多数成语具有意义的双层性，字面上是一层意思，背后还有深层意思。比如【捉襟见肘】表面意思是衣服破旧，拉一下衣襟就露出了胳膊肘儿。实际上是用来比喻顾此失彼，应付不过来。【指鹿为马】字面意思是把鹿说成是马，实际的意思是颠倒是非。意义的双层性是大部分成语的意义特点，但还有一部分成语可直接由字面意思组合表现出实际的意义，例如：劳而无功、劳民伤财、当机立断、奉公守法、固执己见、得不偿失、足智多谋。

3. 结构上的凝固性

成语在结构上有着很强的凝固性，内部不允许插入其他成分，或改变某些成分、次序。要沿用原型，不强行改变。但也有极小部分成语可做适当的改动，例如：

A. 揠苦助长→拔苗助长，覆车之鉴→前车之鉴，屡戒不悛→屡戒不改
洞烛其奸→洞察其奸，盖世无双→举世无双，翻箱倒箧→翻箱倒柜
B. 正大光明→光明正大，背井离乡→离乡背井，天涯海角→海角天涯
虎踞龙盘→龙盘虎踞，得意洋洋→洋洋得意，自不量力→不自量力

A 组把生僻的字换成容易理解的字，是符合发展规律的改变。B 组有的属联合结构或偏正结构，在长时间的使用中改变了语序，但语义关系并没有因语序的变化而变化。该组也是符合发展规律的改变。这两种改变都是社会约定俗成的，是被人们认可的。

下面这组是出于修辞的需要而临时替换了成分，属于临时用法，例如：

两全其美→三全其美，默默无闻→默默无蚊，抛砖引玉→抛玉引砖
日新月异→日新夜异，随心所欲→随心所浴，望洋兴叹→望书兴叹
有的放矢→无的放矢，一见钟情→一键钟琴，一往情深→一网情深

这组成语的改变从长远来看是不符合发展规律的，且不利于成语的健康发展，甚至会导致学生误学误用。

4. 四字格为主并具有二二相承结构

成语的绝大部分是四字格形式，据周荐统计，《中国成语大词典》（上海辞书出版社 1987 年版）所收的 17 934 个词目中有 17 140 个是四字格的，占总数的 95. 57%①。

从语义、语法、语音的角度来看，成语四字特点基本上都是二二相承的结构，即“2 + 2”。如：刀山 + 火海，胆战 + 心惊，江河 + 日下，江郎 + 才尽，迫在 + 眉睫，轻描 + 淡写，赏心 + 悦目，深入 + 浅出，以理 + 服人。有些虽然在语义和语法结构上不是二二相承而是一三或三一，如：胸 + 有成竹，门 + 可罗雀，一衣带 + 水，但是在语音上仍然保持着二二相承，所以仍被视为二二相承结构。

（三）学习汉语的留学生需要掌握的成语

对于学汉语的留学生来说，需要掌握一些常用的成语。下面是从《汉语水平词汇与汉字等级大纲（修订本）》② 中选取出来的成语：

百花齐放、百家争鸣、半途而废、不卑不亢、不相上下、不言而喻、
层出不穷、成千上万、诚心诚意、从容不迫、川流不息、大包大揽、
大公无私、大同小异、大有可为、得不偿失、东奔西走、发奋图强、
发扬光大、改邪归正、格格不入、各奔前程、供不应求、归根到底、
轰轰烈烈、画蛇添足、家喻户晓、坚贞不屈、接二连三、津津有味、
精打细算、精益求精、兢兢业业、敬而远之、举世闻名、举世瞩目、
聚精会神、可歌可泣、可想而知、理所当然、理直气壮、美中不足、
面面俱到、名副其实、目中无人、莫名其妙、能歌善舞、萍水相逢、
岂有此理、千方百计、前所未有、全力以赴、实事求是、三番五次、

① 周荐：《论成语的经典性》，《南开学报（哲学社会科学版）》1997 年第 2 期，第 29 - 35 页。

② 国家汉语水平考试委员会办公室考试中心：《汉语水平词汇与汉字等级大纲（修订本）》，北京：经济科学出版社 2001 年版。

十全十美、四面八方、滔滔不绝、天长地久、万古长青、微不足道、无可奉告、无可奈何、无能为力、无情无义、无微不至、显而易见、想方设法、小心翼翼、新陈代谢、欣欣向荣、兴高采烈、循序渐进、一帆风顺、一概而论、一技之长、一毛不拔、以身作则、引人注目、永垂不朽、斩草除根、斩钉截铁、朝三暮四、争先恐后、指手画脚、众所周知、自相矛盾

二、歇后语的界定、特点及类别

（一）歇后语的定义

歇后语是民间创造的由前提和注解两部分构成的带有隐语性质的风趣形象的固定短语，例如：

杨排风的烧火棍——用场大
倒了油瓶不扶——懒到家啦
买咸鱼放生——不知死活
龙王发脾气——兴风作浪
张果老倒骑驴——背道而驰
坟地里的夜猫子——不是好鸟
竹筒倒豆子——全抖搂出来
客厅里挂狗皮——那像什么画（话）
帽子里藏知了——头鸣（名）

歇后语的前一部分是前提，叙述一种事物、一种现象、一种情况。后一部分是注解，描述一种状态，或做出一种判断，或提出某种反问、感叹，用以解释、说明真实意图。

（二）歇后语的特点

1. 歇后语前后两部分是前提和注解的关系

歇后语由两个部分构成，前一部分是前提，后一部分是注解，注解就是要表达的真实意义，这两部分的关系类似于谜语的谜面和谜底。前提和注解的关系是判断是否为歇后语的基本标准。

2. 歇后语是民间创作的生动有趣的口语性固定短语

歇后语来自民间，口耳相传，贴近社会生活的方方面面。因而其口语色彩非常浓

厚，不宜在庄严的场合中使用。歇后语之所以能把一般的词义表达得特别生动、诙谐、引人入胜，一方面是因为前提部分提供的形象生动有趣，另一方面是因为前后两部分之间是类似于谜面和谜底的关系，也就是在表达词义时不直接用明显的文字，而是先借用各种手段隐晦、曲折、委婉地加以暗示，启发听者发挥想象力去“猜”出下文。这种“谜面”的设计，既要巧妙地暗示“谜底”，又要尽量关照到整个歇后语的口语化风格。人们可以从极其熟悉的自然和社会生活现象中，也可以从历史故事、神话传说中选取形象，更可以在这些已有的形象基础上，发挥想象力、构拟出各种新鲜有趣的或者是超现实的形象。

（三）歇后语的类别

对于歇后语的注解部分的表意方式，我们采纳温端政的观点，将其分为“直陈”和“双关”两种。

1. 直陈

注解直接说出真实的意义，例如：

徐庶进曹营——一言不发
黄鼠狼给鸡拜年——没安好心
老鼠给猫捋胡子——找死
梅香照镜子——一副奴才相
水牛掉井里——有劲使不出
老鼠替猫刮胡子——拼命巴结
大水冲了龙王庙——自家人不认识自家人
要饭的借算盘——穷有穷的打算
三尺长的梯子——搭不上檐
聋子拉二胡——胡扯
大姑娘坐轿——头一回
雨后送伞——假人情
大海里捞针——无处寻
刘备摔孩子——收买人心
俩肩膀扛一个嘴——走到哪儿吃到哪儿

2. 双关

双关有以下几种情况。

（1）利用某个多义词产生双关，例如：

墙上挂竹帘——没门儿（门路，途径）
啄木鸟找食——全凭嘴（说话）
石板上钉钉子——硬碰硬（强硬）
猪八戒照镜子——里外不是人（抽象的“里外”。好人）
碟子里扎猛子——不知深浅（分寸）
门缝里看人——把人看扁了（走样，和实际不一样）

（2）利用谐音产生双关，例如：

外甥打灯笼——照舅（照旧）
梁山的军师——吴用（无用）
猪八戒的脊梁——无能之背（无能之辈）
小葱拌豆腐——一青（清）二白
老九的弟弟——老十（老实）
蛤蟆跳井——扑通（不通）

（3）利用组合而生的字面义产生双关，例如：

脚后跟拴绳子——拉倒（一拉就倒→算了，罢了）
哑巴见面——没说的（不能说话→没什么可挑剔的；没问题）
胸口挂着钥匙——开心（打开心扉→愉快）
百年松树，五月芭蕉——粗枝大叶（很粗的松树枝、很大的芭蕉叶→不细致）

三、谚语的界定和特点

（一）谚语的定义

谚语是民间创造的形象通俗并表述知识或经验的非二二相承的固定语句，例如：

一年之计在于春，一天之计在于晨
蜻蜓千百绕，不日雨来到

狗熊嘴大啃地瓜，麻雀嘴小啄芝麻
龙眼识珠，凤眼识宝，牛眼识青草
世上无难事，只怕有心人
好事不出门，坏事传千里
地里埋着宝，只要勤快就捡到
灯不拨不亮，理不辩不明
花有重开日，人无再少年
人无头不走，鸟无头不飞
眼见千遍，不如手过一遍
病从口入，祸从口出
不入虎穴，焉得虎子
心急吃不了热豆腐
狗嘴里吐不出象牙
到什么山唱什么歌
失败乃成功之母
新官上任三把火
强扭的瓜不甜
狗改不了吃屎
名师出高徒
姜是老的辣
万事开头难

（二）谚语的特点

1. *以表述知识或经验为目的*

这里先补充介绍一下什么是表述和描述：表述指的是对一种情况、事件、经验、道理、规律的说明；描述是对一种情景、状态、性质的说明。比如“强扭的瓜不甜”说的是一种经验，是表述出来的。“人生地不熟”说的是一种状态，是描述出来的。表述和描述合在一起被称为“叙述”。①

以表述知识或经验为目的是谚语区别于其他熟语的最突出的特征。最初的谚语主要是传授生产劳动知识以及与生产劳动有关的天象气候变化和草木鸟兽等自然界的知

① 温端政在《汉语语汇学》（商务印书馆 2005 年版）中反复提到叙述性、表述性、描写性。

识。随着社会的不断发展变化，汉语体系中增加了有关工商业、社会生活、为人处事、日常生活等各方面的谚语。所有的谚语都是对自然界和人类生活的经验、知识的总结。当然，也有一部分消极的经验总结，例如：贫居闹市无人问，富在深山有远亲；万事皆已定，浮生空自茫；死生有命，富贵在天；人不为己，天诛地灭；秀才不出门，全知天下事；有钱能使鬼推磨。我们不能将这些排除在谚语之外。

2. 老百姓创造的通俗生动的固定语句

这一点同歇后语的特点一样。谚语取材于民间，口语色彩极强。

3. 结构上非二二相承

这一点区别于成语，有的成语也具有表述性，但它是二二相承的结构。

四、惯用语的界定和特点

（一）惯用语的定义

惯用语是口语中形成的表达一种习惯含义的，具有非二二相承结构的描述性固定短语。孙维张在《汉语熟语学》中指出：“惯用语只在于描绘事物的性质、状态或人们行为动作的方式。一句话，谚语具有明显的表述性，而惯用语没有”，其结构形式的特点“不在于是否短小，更不是什么‘三字’结构”，“少则三字，多则七字、八字不等，甚至有十几个字的”。[①] 例如：

走后门、开绿灯、钻空子、碰钉子、打游击、泼冷水、穿小鞋、倒胃口、开红灯、吃鸭蛋、挖墙脚、背黑锅、单打一、吹冷风、烧高香

吃定心丸、捅马蜂窝、揭不开锅、唱对台戏

八九不离十、蚂蚁啃骨头、卖狗皮膏药、吹胡子瞪眼、面和心不和、人生地不熟、鸡蛋碰石头、过河就拆桥

八竿子打不着、生米煮成熟饭、鸡蛋里挑骨头、穿新鞋走老路、吃不了兜着走、不管三七二十一、哪壶不开提哪壶、八字还没一撇、吃一百个豆不嫌腥、拾到篮子里都是菜、半路杀出个程咬金、过这个村就没这个店

白刀子进去，红刀子出来；雷声大，雨点小；大事化小，小事化了；比上不足，比下有余；叫天天不应，叫地地不灵；公说公有理，婆说婆有理

---

① 孙维张：《汉语熟语学》，长春：吉林教育出版社 1989 年版，第 198 – 199 页。

（二）惯用语的特点

一是惯用语具有描述性。描写人或事物的形象、状态、特征，描述动作行为的性状，这一点是区别于谚语的重要特征，谚语是表述知识与经验的固定语句。

二是惯用语非二二相承结构，这一点区别于成语。

三是惯用语的口语色彩浓，这一点与谚语、歇后语一致，与成语不同。

四是惯用语的定型性是最弱的，常可插入一些词语，例如：

背了个大黑锅、吃了颗定心丸、吃不了兜着走

五是意义的双层性比较突出。这一点仅次于成语，强于歇后语、谚语。

五、四种熟语的综合比较

我们把四种熟语进行综合比较，可以发现：

	叙述方式	语言形式	语体风格	定型性
成语	表述、描述	二二相承、四字格为主	书语性强	强
歇后语	前提和注解	非二二相承	口语性	较强
谚语	表述	非二二相承	口语性	较强
惯用语	描述	非二二相承	口语性	较弱

六、熟语的界定和特点

（一）熟语的定义

熟语是语言中相沿习用的、内容上具有叙述性的固定短语，是一种特殊的词汇单位。

还有一个术语与熟语非常接近，就是“俗语”。这两个术语有一定的交叉。熟语是从语言片段的定型性上来说的，是固定的、相沿习用的。而俗语是从语言片段通俗、来自民间这个特征上来说的，所以不包括成语在内。我们采用“熟语”，不采

用“俗语”。

（二）熟语的特点

熟语作为汉语的建筑材料而被使用，与词具有相似性，但又有与词不一样的特点。根据孙维张归纳的四个特点，① 我们加以调整，总结出以下五个特点：

1. 形式上属较长语言单位

熟语是比词长的单位，是由词和词构成（有的也包含了不成词语素）的语言单位。

2. 结构上具有定型性

熟语都具有结构的定型性，即不能随意替换其构成成分或改变成分之间的结构关系。但熟语的结构的定型性是相对的。在熟语内部比较而言，成语的结构定型性很强，谚语次之，惯用语和歇后语则比较灵活。

3. 意义上双层性强于组合性

熟语大都在字面意义之后还有另外的意义，即具有意义的双层性，例如：

此地无银三百两、五十步笑百步、踢皮球、打落水狗、半路杀出个程咬金、吃定心丸、卖狗皮膏药、驴唇不对马嘴、碰一鼻子灰

但也有少数熟语不具有融合性，而具有组合性，例如：

取而代之；百闻不如一见；本性难移；胆战心惊；谨小慎微；在家千日好，出门一日难

4. 功能上具有整体性

一个熟语就是一个语言单位，熟语可以像词一样作句子成分。它是词的等价物，即使是较长的熟语也可以嵌入句子中作为句子的成分来使用，例如：

我爱的人不爱我，可我付出了那么多！这样下去，我准会落个竹篮打水，一场空。（作“落个”的宾语）

请客还要挨骂，我是哑巴吃黄连，有苦说不出。（作“是”的宾语）

你这个人狗改不了吃屎。（作谓语）

---

① 孙维张在《汉语熟语学》（吉林教育出版社 1989 年版）的第二章中归纳的四个特点为：结构的定型性、语义的融合性、功能的整体性、风格色彩的民族性。

狗改不了吃屎是他的最大特点。（作主语）
这个电影说的都是他耳闻目睹的事情，很现实。（作定语）
敌人被我军打得落花流水。（作补语）

也可以单独成一个小句，例如：

百闻不如一见，今天登上了黄山，真是美啊！
车到山前必有路，你别急，到时候肯定会有解决的办法。
一天省一把，十年买匹马，要是大家都不浪费，节省下来的钱就够发奖品了。
家家有本难念的经，谁家没有点磨难呢？

5. 具有强烈的文化性

熟语的文化特征比一般的词强烈。大多数熟语都是有源可查的，或者是与历史上的某个事件、故事、寓言、诗词篇章等相关，包含着丰富的历史与文化内容。比如“守株待兔”源于《韩非子·五蠹》的故事，“射人先射马，擒贼先擒王”出自杜甫的《前出塞》。或者是与某种生活、生产背景相关，用形象诙谐的手法表达某种意图；或者与某种突出的精神文化相关。这些取自民间的熟语更表现出原生态的社会风貌，浸透着最朴素的社会经验和评价，例如：八两秤——明讲、包公断案——铁面无私、包脚布当孝布——一步登天、苞米秸子喂牲口——天生的粗料、抱元宝跳井——舍命不舍财。与佛教有关的如：做一天和尚撞一天钟、跑了和尚跑不了庙。与佛教、道教都有关的如：拜佛进了吕祖庙——找错了门。

七、词汇教学要点

（一）教师要注意提示学生不要破坏熟语的定型性

熟语的重要特征就是约定俗成，固定使用，大多数是不可拆开使用的。但下面的偏误都属于违反了这一约定：

他们不约而且同来到我家。→他们不约而同来到我家。
妈妈把他骂了一顿，可他还是痛不改前非。→妈妈把他骂了一顿，可他还是不痛改前非。
他小心地翼翼拆开了那封信。→他小心翼翼地拆开了那封信。

英雄警察跳水救人，这件事在杭州引起了轩然的大波。→英雄警察跳水救人，这件事在杭州引起了轩然大波。

（二）教师要正确传达熟语的核心义，注重指出其附属义

今年的水灾特别严重，宽宏大量的土和水都跑到了公路上。
虽然我们是同班同学，但素不相识，就说过几句话。
我和我爸爸长得惟妙惟肖，真是像极了。
老师沉默寡言了两分钟，然后开始愤怒地批评他。

这四例错误地理解了四个成语的意义。

这个人平时就爱出风头，什么场合都只听到他一个人侃侃而谈。
华文学院举办了外国留学生汉语节目表演，很多留学生趋之若鹜。
自从中国颁布实施外商投资法规以来，不少外商蠢蠢欲动，要来中国投资。

这三例错误地理解了三个成语的情态附属义，“侃侃而谈”是褒义的，和贬义的“爱出风头”矛盾。“趋之若鹜”“蠢蠢欲动”是贬义的，和句子要表达的意思冲突了。

（三）教师要注重强调熟语不能后接宾语

先看下面的偏误例子：

同学们赞不绝口这次的表演。

这个句子想表达的是“同学们对这次表演赞不绝口”。这样改，是因为熟语的后面不能再接宾语，或者也可改为：“这次表演，大家赞不绝口。”再比如：

我最不喜欢别人说长道短我。　×
他总是不以为然我说的话。　×
你显而易见这个错误。　×
这个城市家喻户晓他的事迹。　×
他指手画脚我们的汉语节目表演。　×

他对我的出现视而不见。 √

他的成功为大家津津乐道。 √

不能加宾语，是熟语的重要特征。熟语可以充当主语、宾语、定语、状语和补语，也可以独立成为一个句子。

（四）教师给出的语境信息要完整、丰富

和普通的词语相比，熟语的内容要丰富得多，所以理解和巩固也相对难一些。这就要求课堂上教师要给出语境信息完整、丰富、易于联想的例句。例如“留后路”：

据报道，他们为辞职的公务员留了后路，这些人日后还可以回政府机关工作。

一些有钱人想着给自己留一条后路，把孩子送到国外，或干脆到国外生孩子。

他们的后路老板都留好了，每人都买了保险，还拿到一笔安家费。

（五）教师要注意熟语文化信息的传达

留学生到了中高级阶段会接触到更多的熟语，这个阶段就要把更多的文化信息通过多种方式进行传达。例句就是一种很好的方式，例如：

【君子一言，驷马难追】自古就有~的说法，人们早已把它看作一条行为准则，并作为衡量一个人的道德品质的重要标准。

【闭关自守】中国历史上的清政府闭关自守，导致了近代中国的落后。改革开放彻底改变了闭关自守的局面，这使中国走向了世界，也使世界了解了中国。

思考与练习

1. 填空。

（1）熟语的特点是结构上具有__________性、意义上__________、功能上具有__________性。

（2）与熟语中的其他种类相比，惯用语的定型性最__________。

（3）根据歇后语的注解部分表义的方式，我们将歇后语分为__________和__________两种，“黄鼠狼给鸡拜年——没安好心”属于__________方式，“老虎拉车——谁赶”属于__________方式。

（4）熟语中，__________多用于书面语中，__________、__________、__________多用于口语中。

（5）以四个字为主的熟语是________，完全以句子形式呈现的熟语是________。

2. 请说出下面的句子各属于哪种熟语。

（1）招生规模这么小，时间一长，我们学校肯定竹篮打水——一场空。

（2）“瑞雪兆丰年”并不是迷信，而是农民们在生产中总结出来的科学经验。

（3）现在的工作不是挺好吗！你不要这山望着那山高了，换来换去的，换到最后可能还不如这个呢。

（4）我扶起了倒地的老人，老人却说是我撞倒了他。我是跳进黄河洗不清了。

（5）这部小说写的都是他耳闻目睹的事情，具有现实性。

（6）朋友都说这是一部难得的好电影，今天看了，真是名不虚传。

（7）如果老板再给我穿小鞋，我就辞职。

（8）俗话说得好：“宁给饥人一口，不送富人一斗。”

（9）俗话说：“强扭的瓜不甜。”就算你结了婚，也不会有好日子过的。

（10）心急吃不了热豆腐，这事儿得慢慢来。

（11）羊毛出在羊身上，你这点钱还是省着花吧。

（12）内行看门道，外行看热闹，这种技术活儿你是不会懂的。

（13）在这个地方丢钱包，那可真是大海捞针——无处寻。

（14）你可别在这里猪鼻子插大葱——装象了，谁不知道你那点儿想法，就是想多捞点儿好处。

（15）我们这里的消防栓十几年了还没用过一次，基本上就是聋子的耳朵——摆设。

（16）领导今天给我们开绿灯了，这几份工作报告都通过了。

（17）他那种爱钻牛角尖的性格真让人受不了。

（18）我爱他，他却不爱我。我是哑巴吃黄连——有苦说不出哇。

（19）我的新车被撞得面目全非了。

（20）我替他背了五年的黑锅，现在终于是小葱拌豆腐——一青二白了。

3. 查《现代汉语词典》，解释下列成语中画线的语素意义，并说明成语的整体意义。

栩栩如生：____

礼尚往来：____

面面俱到：____

名副其实：____

莫名其妙：____

实事求是：____________________

微不足道：____________________

不言而喻：____________________

举世闻名：____________________

川流不息：____________________

4. 请指出下列成语使用中的偏误，并改正。

（1）她爱他，她心甘情原为他做任何事情。

（2）我的两位老朋友，一位玩世不恭，另一位口事心非。

（3）我和他不约而且同来到小明的宿舍里。

（4）我批评过他好几次，可他还是痛不改前非。

（5）他小心地翼翼开车，因为他是个新手。

（6）这种泥石流搬来宽宏大量的土和水。

（7）她的性格好像孩子一样单纯，坚信不疑所有的人都会帮她。

（8）我和他一直是同班同学，但素不相识。

（9）传统建筑是苏州的一部分，可是大部分都没有了，我希望中国其他城市能前车之鉴。

（10）他说的话太深刻了，不过就是有点不可理喻，好几句话我没听懂。

（11）大家赞不绝口这个电影。

（12）雨越下越小，到了下午豁然开朗。

（13）我和我的父母相敬如宾。

（14）老师：下星期我去看你吧，你好好养病。

学生：岂有此理！

（15）老师指手画脚地为他提出了许多好建议。

（16）他全心全意想做一个优秀的汉语老师。

（17）他偷过别人的手表，从此以后就开始歪门邪道了。

（18）我应该把学汉语放在最重要的位置上，这是个非同小可。

（19）他总是在别人面前说长道短我。

（20）他得了100分，可想而知，他有多么高兴。

5. 请指出下面的歇后语的表意方式属于直陈还是双关。

（1）骑着毛驴看唱本——走着瞧

（2）拉着胡子过街——牵须

（3）电线杆当筷子——大材小用

（4）张飞穿针——大眼瞪小眼
（5）张飞穿针——有劲无处使
（6）擀面杖吹火——一窍不通
（7）石板上钉钉子——硬碰硬
（8）碟子里扎猛子——不知深浅
（9）黑瞎子叫门——熊到家了
（10）狗撵鸭子——呱呱叫

6. 用下面的惯用语造句。

开夜车：________________________________
抱大腿：________________________________
炒冷饭：________________________________
拖后腿：________________________________
吹牛皮：________________________________
开小差：________________________________
翘尾巴：________________________________
戴高帽：________________________________
碰钉子：________________________________
唱高调：________________________________
钻空子：________________________________
吃哑巴亏：________________________________
打退堂鼓：________________________________

课后小结

重点掌握四种熟语各自有哪些特点，知道教学中应该注意哪些地方。了解熟语的整体特征。

第十一讲　词语偏误及教学要点

我有两匹弟弟，一个比一个难管教。想打打不得，想骂骂不得。

可是我还有话要说，为什么要怀疑别人坏事，反而自己的错误也变不过来！

现在就请王教授抛砖引玉，给我们展示他的成果。

帮我爸爸畅销咖啡的人突然没有下落。

这种花在世界上广泛栽。

现代人的看法比较客观、开放，导致了国家的发达。

上面六个句子的语法对吗？为什么？

一、词语偏误的定义

外语学习者有必要区分偏误（error）和错误（mistake）。偏误“指的是中介语与目的语规律之间的差距”①，是外语学习过程中伴随始终的现象，是词语使用中多发的、有规律的问题，大多是对外语的语言规则掌握得不准确引起的。错误则是学习者在说或写时，由于注意力不集中、疲劳、粗心或语言运用的某一方面原因造成的，是偶发的、没有规律的。偏误反映了学习者对外语系统的掌握程度，所以对外语的教与学有非常大的帮助。

词语使用中的偏误要和临时修辞用法区分开。词语的临时修辞用法超出了语法规则、语义和逻辑规则、韵律规则、语用规则，它追求的是灵活多变和特殊的修辞效果。比如郭德纲的相声里笑话老婆爱唠叨的一句话：

去年她去北戴河疗养了半个月，回来后您猜怎么着，就连她的牙都晒黑了。

---

① 鲁健骥：《中介语理论与外国人学习汉语的语音偏误分析》，《语言教学与研究》1984 年第 3 期，第 44 –56 页。

牙本来是不会晒黑的，这里用夸张的手法来挖苦老婆的嘴闲不住。这是超出了语义和逻辑规律制约的修辞用法。再比如下列画线的词语：

这些天一直睡不好，脸色看起来很萧条。
我喜欢海，溺爱海，特别是涨潮时的海。
农村现在已经成了份子钱的重灾区。
我有两匹弟弟，一个比一个难管教。
长大以后，我学会了阅读别人的脸。

这五个词语不能说是搭配上用错了，而是出于修辞的需要，表达出与众不同的意味。

二、词语偏误的类型

词语偏误的类型大体可划分为以下几类。下面的例子大多来自暨南大学华文学院的东南亚留学生作文语料库，一小部分引自其他专著与文章。

（一）不符合语法规则的词语偏误

1. 词语搭配不当

（1）马丽脱下手表，笑着说："这手表送给你。"

动词"脱"搭配的对象是衣服、裤子、袜子、鞋，"摘"搭配的对象是手套、手表、眼镜、帽子、围巾、戒指、耳环、假牙和一些头饰。

（2）我们昨天访问了张老师，她是华文学院非常有经验的汉语老师。

动词"访问"搭配的对象大多数是国家、地方、机构，以及后来出现的网址、页面；"拜访"的搭配对象是人。

（3）我挨老师表扬了，真开心！

和动词"挨"搭配的动词都是表示消极意义的。

以上三例都是动宾搭配不当。

（4）如果做错了，她总是先跟朋友抱歉，然后找办法。

“抱歉”是个心理动词，和它搭配的介词和动词是“对某人/团体/某事/行为感到抱歉”；“道歉”是个行为动词，可以说“跟/向某人/团体道歉”。

（5）我买了一只牛的皮做的腰带。
（6）我已经会了两个外语。

这两例属于名量搭配不当。“只”搭配的事物不是条状、带状的，应换成“条”。“个”不能搭配“外语”“语言”之类的名词，这时候只能用量词“种”或“门”。

（7）她很爱学汉语，她的书柜里有种种汉语书。

量词“种”重叠为“种种”，表示“各种各样”“多种多样”。和“种种”搭配的中心语是抽象名词、形容词，例如：“身体出现了种种不适”“种种理由”“种种不利因素”“回忆起了过去的种种心酸”，而不是具体名词。这是定语和中心语搭配不当。

（8）安娣特别安安静静地听了一节课。

此例的程度副词“特别”不能搭配形容词的重叠形式，因为形容词重叠之后就具有了较高的程度，就不能再和程度副词重复表达程度高。

（9）你出去教室。

这个复合趋向动词“出去”不能直接与处所宾语搭配；同理，“进来”“进去”“出来”“上来”“上去”“下来”“下去”等都不能直接搭配处所宾语。

（10）爸爸的公司在广州有一个小公司，因为他在工作上有多成绩，所以被公司派到广州跟另外公司合作。

形容词“多”作定语时，前面一般要有“很、非常、好、那么、这么、极”等成分。但在合成词或固定短语中可不用加其他成分，如“多边形、多民族国家”。

2. 词语误加

（1）我在广州，每年春节都去了姑妈家。

时态助词“了”用在动词后，主要表示动作行为的完成。不能用在表示经常性的动作行为后面。

（2）这时候，我看见了前边有一个商场。

（3）那一年，妈妈劝了我去中国留学。

这两例都是“了”用在了“动词＋小句宾语”中间。实际上时态助词“了”不应该出现在这个结构中。

（4）那天去上了课以前，我给他打电话了。

此例第一个“了”即时态助词“了”，不能用在没有发生的动作后面。因为“了”表示的是动作行为的完成。

3. 词语混用

助词“的、地、得”的分工是很明确的，但即使是汉语水平较高的留学生也常误用，通常是用“的”代替其他两个。例如：

（1）广州热的让人受不了。

（2）海水渐渐的平静了。

前一个“的”应改为“得”，用来把中心语和补语连接起来。后一个“的”应改为“地”，用来把状语和中心语连接起来。

（3）她把金鱼放着鱼缸里。

此例属于“着”和“在”混用。在“动词＋着＋处所宾语”的结构里，“处所宾语一定是前边动词的受事宾语”[1]，这个结构才能成立，比如“瞅着屋里”。但是此例的“鱼缸里”是处所补语，不是宾语，要把“着”改成“在”，构成“动词＋在＋处所补语”。

（4）我在家里经常看电视，还是打网球。

这个句子混淆了“还是”和“或者”。它们都表示选择，但“或者”用在陈述句里，“还是”多用在疑问句里。“还是”如果用在陈述句里，要满足一些条件，李大忠[2]指出：“或者”是前边有动词谓语，用“还是”连接的成分作前边动词谓语的宾语，例如：我不知道开这个玩笑的结果是坏还是恰到好处。或者是含有“还是”的小句作前分句，后边有总括性、评判性的后续分句，例如：开这个玩笑的结果是坏还是恰到好处，我不知道。

（5）我考虑一下才告诉你吧。
（6）来中国留学，我是想了好久再做出的决定。

这两例混用了“才”和“再”。“才”表示事情发生得晚或结束得晚，多用于已经发生的事情；也可用于没有发生的事情，但在这种情况下，“才”前面一定要有明确的时间词语，比如：“他星期五才走。”所以“再做出”的“再”应改成“才”。“再”表示后一个动作发生在前一个动作结束之后，且两个动作都是没有发生的。“才告诉”应把“才”改成“再”。

（7）今天我们一定要痛快痛快地玩一会儿。

这个例子属于词性偏误，混淆了形容词的两种重叠形式“痛痛快快”和“痛快痛快”，前者是形容词性的，后者是动词性的。

（8）还有一个月就放假了，你要再耐心一个月。

这个例子也属于词性偏误，混淆了名词“耐心”和动词“忍耐”。

---

① 李大忠：《外国人学汉语语法偏误分析》，北京：北京语言大学出版社2007年版，第94页。
② 李大忠：《外国人学汉语语法偏误分析》，北京：北京语言大学出版社2007年版，第55页。

（9）在中国我交往了三个好朋友。

此例混淆了“交往”和“交”。两个词都有“互相来往”的意思，但“交往”是双向的行为，可以说“我们交往了三年”，也可以说“小王和小李交往了一阵了”。“交往”一词后面不接宾语。“交”是A对B的行为，所以后面可以接宾语。

（10）老师问：“快放假了，你要回老挝吗？”
学生答：“我放假没回老挝，我要在广州过年。”

这里是混淆了“不”和“没”。“没”用于“客观叙述，限于过去和现在，不能指将来”，“不”则“用于主观意愿，可指过去、现在和将来”。[①] 这种混淆在留学生口语中是很常见的，即使到了口语学习的高级阶段也会出现。

（二）不符合语义和逻辑规则的词语偏误

由于对词语意义的理解有误，或对语义的关系没有把握好，没能准确地表达说话人的意图，留学生最大的偏误莫过于对词语的意思掌握不好：

1. 词语意义理解有误

（1）你的家父身体怎么样了？

这里没有真正理解“家父”一词，它只用来指自己的父亲。

（2）这真是一个好的想方设法，我怎么都想不出来。

此例误解了“想方设法”的意思，把它理解成了名词性的“方法”，实际上它是动词性的，意思是“想尽办法”。

（3）我考了三次才通过HSK6级，我的高兴可想而知。
（4）现代人的看法比较客观、开放，导致了国家的发达。

“可想而知”的意思是“对不好的结果能够经过推想而知道”。“导致”的意思是

① 吕叔湘主编：《现代汉语八百词》，北京：商务印书馆1999年版，第383页。

“引起不好的结果”。这两个词都用于不好的方面。

（5）这个教室比以前的小了两倍。

此例误用了量词“倍”，它表示的是和原来一样的数量，几倍就是原来的数乘几。

（6）前年我的词汇量是两千，现在增加了一万。听老师说，有了这一万个词语，我就可以读懂99%的文章了。

此例误用了“增加了”，它表示的是比原来的数多了多少，而不是原来的数与增加了的数的和，应改成“增加到”。

（7）我们俩个都是印度尼西亚的学生。

此例误用了“俩”，“俩”就是“两个”的意思。

2. 词语意义混淆

（1）谢谢你给我们准备这么丰富的晚饭。

此例混淆了“丰富”和“丰盛”的意义。“丰盛”指摆在餐桌上的食品多而好，使用范围具有局限性，通常说“丰盛的晚宴”“早餐很丰盛”等。“丰富”指物质财富、学识经验等种类多或数量大。

（2）我知道作为父母一点儿也不容易，压力很大。

这里的“作为”应改为“做”。“作为”作介词用时，是“就人的某种身份来说”的意思，它和后面的宾语组成介宾短语作状语，而不是作主语。后面一定要有动词或动词短语来作谓语，否则就感觉句子语义不完整。“作为父母”是全句宾语部分的主语，同时也没有相应的动词或动词短语来作谓语，所以要改成“做”。

（3）有一天我钱包丢了，怎么找也找不到，现在还没有着落。

这里用错了“着落”，它是指“（生活、金钱等）可以依靠的东西”，应该改成“下落”，指“寻找中的人、事物所在的地方”。①

（4）尊重的李老师：您好！

此例混淆了形容词“尊敬”和动词“尊重”，“尊敬”的意思是“值得重视而且恭敬地对待”。“尊重”的意思是“重视而且恭敬地对待”。

（5）新闻还没有送到，我有点着急。
（6）我的先辈都选择了商贸汉语专业。

韩语里的汉字词有许多，其中“新闻”指的是报纸；“先辈”是称呼年纪比自己大、年级比自己高的同学，或从事某种工作比自己早的同事，在汉语里却指辈分在先的人，或者是指已去世的令人尊敬、值得学习的人。这里的“新闻”应改为“报纸”，“先辈”应改为“同学”或“师兄”“师姐”。

（7）星期四我们有汉语试验。

日语的“试验”有汉语里“试验”的意思，也有汉语里“考试”的意思。这里“试验”应改为“考试”。

（8）最接近市区是雄踞山峰的双龙寺。
（9）我不知道从什么时候开始靠近他，也不知道什么时候开始不知不觉他慢慢地占据了我心中的地位，更不知道什么时候他渐渐渗入了我的世界。

这两例混淆了“靠近”和“接近”。靠近，是彼此的空间距离近。接近，是彼此的抽象距离近，如人和人之间的心理距离、时间距离，或者事物之间相差很小。

3. 词语之间的意义关系不和谐

（1）这段时间天气特别差，接连下了两个小时的雨。

---

① 引自高燕：《对外汉语词汇教学》，上海：华东师范大学出版社2008年版，第138页。

“这段时间”的含义是指最近至少两三天的时间，和“两个小时”有冲突。①

(2) 大一新生和留学生都要参加新生训练营。

(3) 到暨南大学华文学院之后，我觉得非常高兴，因为我可以跟很多不同国家的同学一起上课，也遇到了很多好的老师和教授。

这里没有弄清楚语义的逻辑关系。“大一新生”和“留学生”是交叉关系，“老师”和“教授”是包含关系，不是并列关系。

（三）不符合韵律的词语偏误

(1) 这种花在世界上广泛栽。

(2) ……让我难以忘这天。

(3) 我们互相帮，完成了任务。

(4) ——你明天来我家吃饭吧。

——天太冷了，我无法去。

(5) 我默默哭，两个小时过去了，没有人来看我。

这五个句子里的“广泛、难以、互相、无法、默默”是双音节词，要求与其搭配的动词也是双音节的。类似的还有“种植、无偿、日益、日趋、趋于、过于、予以、无故”等。

(6) 她的嗓子哭嘶哑了。

(7) 杯子打粉碎了。

(8) 他的腰累弯曲了。

这三例是单音节动词后面用了双音节的补语，补语可改为单音节的“哑”“碎”“弯”，也可以在动词后面增加助词“得”来补足音节。②

（四）不符合语用规则的词语偏误

这种偏误是指不符合说话人、听话人或语境中所指的人的年龄、身份、地位以及关系，违反了语言表达的社会规约，因而产生偏误。如：

---

① 引自高燕：《对外汉语词汇教学》，上海：华东师范大学出版社2008年版，第137页。

② 此三例引自高燕：《对外汉语词汇教学》，上海：华东师范大学出版社2008年版，第140页。

（1）老师，你今天很性感。（一个俄罗斯留学生第一次见到中国的女老师时说）①

在中国文化背景之下，如果说一个女人性感，就等于说她打扮得比较裸露，故意卖弄姿色，目的是吸引男性。这一词语很少用于夸赞别人。这里的“性感”用错了对象，不能用在尊敬的人身上。

（2）但是这次我公公不能出院了，因为不到三天他就死了，不要说我们父母，连我们当孙子的也很难过。

此例的“死”应改成“去世”“逝世”等，因为这些正式的词语用在长辈、受尊敬的人身上。

（3）我们这所学校有一千多位学生。

量词“位”有尊敬对方的意思，只用在对方身上，不能用于自己。但这种用法在印度尼西亚使用得非常广泛。

（4）现在就请王教授抛砖引玉，给我们展示他的成果。

“抛砖引玉”是用于自谦的成语，不能用于听话人身上。

（5）我最喜欢张校长了，整个学校都是由他一个人操纵。

这里的“操纵”用在不好的人身上，不能用在我们喜欢、尊敬的人身上。

（6）你好，这是我的文章，请你拜读。

“拜读”是敬辞，表示对对方的尊敬。但它要求用在说话人自己身上，即读别人作品或书信的敬辞。

---

① 引自祁琳：《俄罗斯留学生汉语习得过程中语用偏误分析及对策研究》，吉林大学硕士学位论文，2010年。

(7) 她有份参与由欧盟发起的伽利略计划，并拉拢中国组织新阵线，抗衡美国独霸全球数十年的全球定位系统。[①]

此例中“拉拢”具有贬义色彩，这与句子表达的印度尼西亚与中国合作的客观性立场冲突。

(8) 老师好！我要请你帮个忙。

“要”在表达意愿时，程度非常强烈，所以表达出来的语气很坚决，听起来就很生硬，显得不客气，所以不适合用在老师等尊敬的人身上。但留学生在言语交际中经常会出现这样的偏误。

(9) 亲爱的刘老师：“祝你新的一年像狗一样快乐！”

在汉语中，“狗”及包含“狗”的词语大都含贬义色彩，这样的词语用在老师、长辈等尊敬的人身上显然不符合中国的文化环境。

三、词语偏误的原因

词语偏误的原因有多种，这里只介绍主要的三种。

（一）母语负迁移

日语、韩语、越南语中有大量的汉字词，如果是形、音、义完全相同的话，不会带来偏误，但在形式上或意义上有差异时，就容易带来偏误。比如日语为母语的留学生会说出下面的句子：

你的主人做什么工作？
我跟朋友相谈相谈。
昨天班长没有出席孙老师的课。
我只做了三人前的饭，怎么办呢？

---

① 《国际日报》(印度尼西亚)，2005年7月31日。

日语里的“主人”对应的是汉语的“丈夫”，“相谈”对应汉语的“商量”，“出席”对应“上”，“人前”的意思是一个人的分量。类似的还有：“私塾”是补习班，“人间”是“人”，“素人”是“非专业人员”，“手纸”是“信”，“时间”是“时间”和“小时”，“床屋”是“理发店”。①

再比如，韩国留学生会把“小说”写成“小说书”，这是受母语的“小说册”影响所致，因为“册”在韩语中是“书”的意思。②

又如前面提到的连词“和”的偏误也属于母语的负迁移。

再如，英语里的“or”既可以用在疑问句中，也可以用在陈述句中，对应汉语里的“或者”和“还是”，也符合这两个词使用中如前所述的三种情况。所以也很容易带来负迁移。

另外，前面提到用“狗”来祝福老师的例子也属于此类偏误，确切地说属于母语的语用规则带来的负迁移。

（二）目的语规则混淆、泛化

1. 目的语规则混淆

前面很多混淆的例子都属于目的语规则混淆。比如前面提到的“要”“想”在语义和语用规则上的混淆，“死”和“去世”等词在语用规则上的混淆，“尊重”和“尊敬”在语义和搭配规则上的混淆等。

再比如，用于人的量词“位”带有尊敬的意味，不用于指自己或自己一方。这一规则不同于“个”，在需要表达对对方的尊敬时，用“个”则显得很不礼貌。我们会听到来自印度尼西亚的留学生说：“我们的高中有 3 000 多位学生。”显然是混淆了“位”与“个”。

再看下面几例偏误：

理发师对她说了好几次：“真漂亮的姑娘！”③

昨天晚上我们参加了真热闹的联欢会。④

这两例偏误属于把“真”混同于“很”，把“很 + 形容词”的功能类推到了“真 +

---

① 以上汉字词偏误例句、例词转引自孙俊：《日本留学生汉语词汇学习过程中借用母语策略研究》，《北京第二外国语学院学报》2005 年第 2 期，第 57、61 – 65 页。

② 全香兰：《韩语汉字词对学生习得汉语词语的影响》，《世界汉语教学》2006 年第 1 期，第 77 – 82 页。

③ 李大忠：《外国人学汉语语法偏误分析》，北京：北京语言大学出版社 2007 年版，第 51 页。

④ 李大忠：《外国人学汉语语法偏误分析》，北京：北京语言大学出版社 2007 年版，第 51 页。

形容词”上，认为后者也可以像前者一样作定语。

2. 目的语规则泛化

及物动词后接宾语是常态。但像“死心”“见面”“辞职”这样的动宾结构的动词，大多数不能再接宾语。可是学生往往对后一条规则掌握得不好，直接把前一条规则泛化了，认为所有的动词都可接宾语。于是造出下面这些句子：

我要去见面导师。
我已经死心他的爱了。
那个老师去年辞职华文学院了。

学生掌握了“在 + 普通名词 + 方位词”的结构，但会产生把其中的普通名词泛化到处所名词的偏误，如：

我把行李放在华文上。
在中国里，发明了一种会跳舞的机器人。
在我的故乡上没有这种水果。①

这三个例子去掉方位词“上”“里”，就是符合规则的句子了。

再比如学生根据部分形容词重叠之后语义程度加强这一规则，造出了“他是个聪聪明明的学生。”“在这里，我过得痛痛苦苦。”实际上，汉语中不存在这样的重叠形式。

（三）教学、教材、词典误导

1. 教学误导

笔者在高级汉语课上曾做过一个试验：用“影响到”来解释“波及”，没有给出意义、用法的限制。结果学生造出了“她的好的学习习惯波及了我”这样的病句，实际上这是简单照搬词典释义的后果。后来把释义修改成“（不好的事情）影响到”，把“波及”的使用框架表达成“不好的事情 + 波及 + 人、地区、机构等”，学生马上就造出了正确的句子。

再比如，有一位老师上课时曾经用“祝”来解释“祝贺”，没有进一步交代“祝贺”的使用条件，于是学生就说出了下面这个句子：“我祝贺老师天天快乐！”这两个

① 李大忠：《外国人学汉语语法偏误分析》，北京：北京语言大学出版社 2007 年版，第 77 页。

例子表明：教师在课堂上一定要对可能出现偏误的词语的意义和用法给出有效的提醒，而不要简单地拿同义词语来对应，以便最大限度地避免教学误导。

我们再举一个例子。一位老师在课堂上给出了一个句子："如果没有特别事，就别给我打电话。"有学生提出疑问："老师，'特别事'中间有没有'的'?"老师想了一会儿，回答道："不用。"这个例子涉及定中结构中"的"的隐现问题，如果定语是多音节的形容词，中心语是单音词，定语和中心语不是经常组合在一起的，就要加"的"。可见，如果老师没有很好的汉语语言学知识的储备，课堂教学中就难免出错，就容易产生误导。

2. 教材误导

教材的生词表大多只给出释义，不标明用法。或者给出的用法限制不符合汉语事实。比如《汉语教程》[①] 对"热爱"的释义是：to love deeply；to like sth. with gusto。这两个解释都指出词义中"爱的程度深"这个意义特征，第二个释义指出了"爱的对象是事物"这个搭配特征。但"爱"的对象是什么，第一个释义没说，第二个释义只说是"事物"，也没有具体限定。这是造成误导的主要根源。我们看下面的例句：

拿玫瑰来说吧，如：红色的玫瑰，意思是热情、热爱着你；粉红色的意思是感动、爱的宣言、铭记于心。

我们要像爱戴我们的父母那样去爱老师，无论我们认为老师是正确的还是不正确的时候，我们都要热爱他。

我知道你对这书有多热爱。

无论什么时候，我都要热爱我的老师！

这四个例子中的"热爱"都直接搭配了指个体人的名词、人称代词，但实际上，这不符合汉语实际。"热爱"用来搭配较为抽象的事物或行为，比如"生活、生命、事业、国家、民族、语言、工作、故乡、劳动"等。如果搭配"人"的话，也只能是用于集合名词"人民"，而不搭配具体的人。概括地说，"'热爱'的对象多为崇高的，宾语常是概括性较大的抽象词语"[②]。这很可能是受了"love"的误导。再看下面的偏误例句：

我不怕被失败弄自卑，反而，我要把失败变为成功的关键。

---

① 杨寄洲主编：《汉语教程》，北京：北京语言大学出版社2003年版，第31页。

② 施光亨、王绍新主编：《汉语教与学词典》，北京：商务印书馆2011年版，第6页。

这里混淆了“反而”和“相反”，这很可能与教材里的英语释义有关系。《汉语教程》[1] 的生词表里把“反而”解释成 on the contrary。实际上这是一个不等值的翻译。“反而”强调的是与预期相反；on the contrary 强调的是前面提到的是不对的，后面说的才是对的，不强调跟预期之间的关联。比如在《朗文高阶英汉双解词典》里就解释为：On the contrary used to show that the opposite of what has just been said is actually true. [2]

3. 词典误导

先看下面的例子：

这事教会我要尊敬每一个生命和每一个文化。

这里显然是混淆了两个动词“尊重”和“尊敬”。之所以会混淆，原因很可能是源于词典的解释。比如《现代汉语词典》[3] 是这样解释的：

【尊敬】动，重视而且恭敬地对待：~老师丨受人~。

【尊重】动，尊敬，敬重：~老人丨互相~。

第二个释义用了两个同义词，其中第二个同义词是高级阶段才能学到的，不存在干扰。而第一个同义词“尊敬”则表明：“尊重”和“尊敬”两个词是同义词，这就很容易使学生产生误解，认为两者在意义、用法上完全一样。但实际上这种释义方式忽视了两个动词的差异：“尊敬”是“重视而且恭敬地对待师辈、上级等”，而“尊重”是“重视而且恭敬地对待人、生命、文化、权利、选择等”。

再比如，《现代汉语词典》把“丰盛”解释成“丰富（指物质方面）”[4]。这个括注指出“丰盛”用于形容哪些方面的事物，即物质方面的事物。但按此释义造出的句子“图书馆的书很丰盛。”明显是不符合母语者语感的。显然这个释义里的括注是引起误导的根源。实际上，在北京大学中国语言学研究中心（CCL）语料库中，与“丰

① 杨寄洲主编：《汉语教程》，北京：北京语言大学出版社 2003 年版，第 161 页。

② 英国培生教育出版集团编，何维银等译：《朗文高阶英汉双解词典》，北京：外语教学与研究出版社 2013 年版，第 490 页。

③ 中国社会科学院语言研究所词典编辑室编：《现代汉语词典（第 6 版）》，北京：商务印书馆 2012 年版，第 1742、1743 页。

④ 中国社会科学院语言研究所词典编辑室编：《现代汉语词典（第 6 版）》，北京：商务印书馆 2012 年版，第 386 页。

盛”搭配的名词除了零星的像“礼物”“嫁妆”这样的词，超过95%的为餐宴、饮食类的词语。从对外汉语词汇教学的角度来看，我们要教给学生的是主体的搭配情况。所以我们建议把这个释义改为“丰富（指餐宴、食物和酒水）”，这就可以避免把“丰盛”用于形容其他类别的事物。

再看下面的例子。《汉语教与学词典》① 给出的“造成”的搭配范围是：“造成”的结果常常是消极的，也可以是积极的，如“造成了重大事故/团结友爱的良好风气”。在现代汉语发展的早期，这种搭配范围的限定是合适的；但就当代汉语而言，“造成”的结果绝大多数是消极的，而积极的结果还不到1%。

再举一个例子。同一本词典中，在解释“多”的用法时称：“用在疑问句中的单音节形容词前，问数量、问程度。”② 这里有一点需要改正，这个“多”既可以放在单音节的形容词前，也可以放在双音节的形容词前，只不过单音节的居多。比如：“那个老师有多年轻？”

从以上三个方面可以看出，最根本的还是要把词汇乃至语言本体研究做好了，从而在教学中、教材与词典编写中最大限度地减少误差和误导，才能有效地预防偏误。

四、预防词语偏误的对策

从前面的偏误类型中可以看到，留学生最容易犯的是词义理解方面的偏误，这些偏误中最复杂的是有关语法规则方面的，其次是韵律和语用规则方面的。

如何减少和预防偏误？一方面要从释义方面多下功夫，这一点在第三讲当中已经介绍了，这里不再多说；另一方面要从使用规则（包括语法、韵律、语用）上下功夫。另外，通过对比汉语与学生母语中容易引起负迁移的词语的方式，也可以有效地预防母语的干扰。

课堂上的讲解最重要的就是多展示词语所在的框架或典型语境，讲清使用范围和限制条件。比如留学生经常用错“反而”这个副词，下面是华文学院留学生书面语语料库中的几例偏误：

（1）然后还说了让她伤心的话，终于她也不耐烦，反而顶嘴了。

（2）母亲不仅做菜拿手，反而对每件事情也很讲究。

① 施光亨、王绍新主编：《汉语教与学词典》，北京：商务印书馆2011年版，第1318页。
② 施光亨、王绍新主编：《汉语教与学词典》，北京：商务印书馆2011年版，第270页。

(3) 所以我们成功后不该躺在荣誉的光环里，反而应该不断地寻求更高的目标，应该付出更多的努力。

(4) 在交流方面，有绝大多数的学生与别国家的学生交流，反而约只有少数学生从不与其他国家的学生交流。

(5) Carol 是普通平常的女孩儿，反而 Cathryn 是非常活泼和吸引人的类型。

副词“反而”，“表示某一现象或情况没有产生按常理（或预料）应有的结果，而是产生相反的结果。‘反而’的作用就是引出这个相反的结果”。[①] 例（1）（2）不存在这种“相反”的情况，可以把例（1）的“反而”换成“于是”，表示顺承关系；把例（2）的“反而”换成“而且”，表示递进关系。

例（3）（4）（5）虽然有“相反”的情况，可是它们不符合“反而”出现的语义背景。这个语义背景可分析为：[②]

A. 甲现象或情况出现或发生了。

B. 按说［常情］/原想［预料］甲现象或情况的出现或发生会引起乙现象或情况的出现或发生。

C. 事实上乙现象或情况没有出现或发生。

D. 倒出现或发生了与乙相悖的丙现象或情况。

A 和 D 之间是因果关系。“反而”就出现在 D 里，用以引出相反的现象或情况。比如：

A 今天午后下了一场雷阵雨，B 原以为可以凉快一些，可是 C 并没有凉下来，D 反而更闷热了。[③]

例（3）（4）（5）不符合 B 和 C 这两条语义背景，同时“反而”连接的分句与前一分句没有因果的关系，而只表示相反或对比。换句话说，就是没有预期、没有与预期相反。可以直接换成“而”。

在给学生讲解时，要将这个词的语境、使用限制说清楚了，才可以有效地预防误解与误用。

---

① 李大忠：《外国人学汉语语法偏误分析》，北京：北京语言大学出版社 2007 年版，第 44 页。

② 陆俭明、马真：《说“反而”》，见《现代汉语虚词散论》，北京：语文出版社 1999 年版，第 143 页。

③ 陆俭明、马真：《说“反而”》，见《现代汉语虚词散论》，北京：语文出版社 1999 年版，第 144 页。

思考与练习

1. 请修改下列句子里用错的词语，并说明理由。

（1）比赛时运动员们竞相得很厉害。

（2）好的丈夫该让妻子感到安全感和幸福感。

（3）我受老师的熏染也开始喜欢读书了。

（4）我去了车站接她，她反而没有到。

（5）网络具有许多不好的影响。

（6）我来源于印度尼西亚。

（7）我这个学期很努力，导致我得到了一等奖学金。

（8）当作母亲，我怎么会不知道你在想什么呢？

（9）今天是他搬家的日子，七上八下的太乱了。

（10）我心甘情愿他通过入学考试。

（11）他们俩是双胞胎，长得惟妙惟肖。

（12）他辞职了三星公司。

（13）我喜欢看电视、看书，所以我渴望过游手好闲的生活。

（14）我们先要更新技术，然后生产出丰富的产品以供顾客多选择。

（15）因为文法规定不多，所以学汉语的学生常常莫名其妙某句子的意思。

（16）他总是不以为然我说的话。

（17）大家都要全力以赴我们班的运动会。

（18）我无能为力她的困难。

（19）我遇见困难时，老师总会帮助我。

（20）我们不认识北京，所以不知道哪儿有出名的饭店。

（21）我的书包里有多东西，但是它不重。

（22）这个教堂有十二来米高。

（23）他们高兴高兴地走了。

（24）我一直是一个优良的学生。

（25）我一定想学汉语。

2. 请指出下列两组动词和动词词组的特点，并说出它们会出现什么类型的偏误？

A. 帮忙、毕业、见面、辞职、报仇

B. 听—听见、看—看到、写—写好、说—说完、救—救活

3. 下面这些英语释义有哪些会引起误解、造成误用？请说明理由。

知道	know
认识	know
了解	know
熟悉	know

住	live
活	live
过	live
生活	live

旧	old
古老	old
老	old

张开	open
打开	open
睁开	open

访问	visit
看望	visit
参观	visit

4. 请分析下面这两组教学案例是否会产生误导。

（1）上课时学生问："'动不动'是什么意思？"

老师回答："就是'经常'。"

学生说："哦。谢谢。那老师，我的舍友动不动得100分。可以这样说吗？"

（2）上课时老师给出了"多"的例句："你今年多大了？"并进一步解释道："多，就是more。"

5. 请选择一本汉语精读教材，看看生词表中的外语释义是否有误导的情况。

课后小结

重点掌握留学生词语偏误的几种类型。

了解偏误的原因，及如何预防偏误。

第十二讲　汉外词汇对比与教学要点

中国日报网2015年2月20日电　据外媒报道，当地时间2月18日即中国农历除夕当天，美国总统奥巴马发布视频，向全球华人、华侨祝贺羊年新年的到来。视频中，奥巴马还不忘幽默一把说："管它是公羊、山羊还是绵羊，我祝你们新年快乐。"①

汉外词汇对比是语言对比研究的重要方面。从对外汉语教学的角度来讲，汉语教师如果有相应的母语和汉语词汇对比的相关知识，对汉语学习者在词汇学习过程中的母语词汇负迁移会起到明显的预防作用。

一、综合型与分析型表达法不同

对一个语义而言，如果用一个词来表达，这种表达法就叫"综合型表达法"；如果用一个短语来表达，这种表达法就叫"分析型表达法"。

下列英语词在汉语中没有相应的词来表达，只能用短语来表达，例如：

reiterate 反复地说
stammer 结结巴巴地说
succeed 继……之后
accost 走上前与之攀谈
nothing 没有事情
overbalance 失去平衡而倒下
ejaculate 突然说出
overwrite 把……写得太多
buffet 将……推来搡去
plague 使染瘟疫；使痛苦
powder 使……变成粉末

① 凤凰网资讯，http：//news. ifeng. com/a/20150220/43205226_0. shtml。

也有相反的例子：

弟弟	younger brother	哥哥	elder brother
妹妹	younger sister	姐姐	elder sister

下列词语在汉语中可使用综合型表达法，而在印度尼西亚语中则需使用分析型表达法，如：[1]

混　hidup tanpa tujuan（生活 + 没有 + 目的）
共　jumlah seluruhnya（数 + 总）
公费　biaya negara（费用 + 国家）
改进（动词）　memperbaik dan memajukan（改善 + 和 + 推进）
复习（动词）　mengulang pelajaran（重复 + 学习）
负责（动词）　bertanggung jawab（主管 + 回答）
负责（形容词）　penuh tanggung jawab（充分 + 主管 + 回答）
电灯（名词）　lampu listrik（灯 + 电力）
尽量（副词）　sedapat mungkin（想拿多少就拿多少 + 大概）

二、语言间词汇细密程度不同

对于同一种事物，不同的语言对其进行区分的细密程度不一样，有的区分得很细，有的区分得较粗，有的根本不作区分。比如英语中把小汽车细分为 sedan（小轿车）、wagon（连箱的旅行轿车）、hatchback（装有向上开的后车门的小轿车）、limousine（豪华轿车），[2] 而汉语中通常只用“轿车”一词来概括表达。

再比如英语中把律师分为 solicitor（初级律师）、attorney（代理律师）、barrister（诉讼律师）等[3]。汉语中可用一个“律师”来代替。

汉语中的亲属称谓词极为复杂，这在其他语言中都是少见的。比如汉语中父母的哥哥、弟弟细分为伯伯、叔叔、舅舅、姑父、姨父，父母的姐姐、妹妹细分为姑姑

① 印度尼西亚语词语引自陈延河主编，黄兆龙、颜天惠编译：《汉语—印尼语对照——初级汉语学习词典》，北京：外语教学与研究出版社 2006 年版。直译部分由印度尼西亚留学生王友丽帮助审核。

② 蔡基刚：《英汉词汇对比研究》，上海：复旦大学出版社 2008 年版，第 60 页。

③ 蔡基刚：《英汉词汇对比研究》，上海：复旦大学出版社 2008 年版，第 60 页。

（姑妈）、姨妈（姨）、舅妈。要分清是爸爸那一方的，还是妈妈那一方的，男性的还要分清年龄是比爸爸大还是小。而在泰语中这种表达会简单一些，用คุณลุง来指爸爸或妈妈的哥哥，用อา来指爸爸的弟弟或妹妹，用น้า来指妈妈的弟弟或妹妹，用ป้า来指爸爸、妈妈的姐姐。印度尼西亚语只用 paman 来表示父母的兄弟，英语只用 uncle 来表示父母的兄弟。再比如，汉语中的表哥、表弟、堂哥、堂弟、表姐、表妹、堂姐、堂妹，泰语用ลูกพี่ลูกน้อง来表示，印度尼西亚语用 sepupu 来表示，英语用 cousin 来表示。

汉语的“喜欢”“爱戴”这两个词在意义上和搭配对象上都明显不同，但在越南语中都与 yêu mến 对应。“天气”和“气候”都用 thời tiết 来表达。“探望”和“问候”、“参观”和“游览”这四个词都对应 thăm，“再”“又”“重新”都是 lại，“谢谢”“感谢”都是 cảmón。①

前面提到的让西方媒体很纠结的中国“羊”到底是什么“羊”的问题也属于这种情况。在汉语的日常表达中，没有必要区分开 ram（公羊）、sheep（绵羊），还是 goat（山羊）等，只用“羊”来概括就好了。也就是说，在英语中没有上位词“羊”，而汉语通常不需要下位词的各种“羊”。

三、词语意义容量和搭配范围不同

词语的意义容量大，表现在两个方面：一是一个义项搭配的事物范围越大，其意义容量越大；二是一个词的义项越多，其意义容量越大。先看第一种情况的例子：

英语中的 blond（金黄色）不是基本颜色词，它搭配的事物很受限制。可以说 blond hair，但不能说 blond dress，或 blond beach。② 汉语的“金黄色”所受的搭配限制就小多了，可以说“金黄色的头发、金黄色的书包、金黄色的墙面”等。

蔡基刚曾通过调查语料库发现：汉语中的“大”可以和任何事物搭配，而英语中相应的搭配受到选择性限制，必须分别用 big、large、great 等来搭配。和 big 搭配主要是描述物体大小的物理属性，因此有 big rocks/man/car/hand/house/school/country，同抽象名词搭配只有 demand/meeting/success。和抽象名词搭配大多用 great，如 great deal/importance/variety/majority/interest/pleasure/detail/help/influence/care/danger/value/change 等。而 large 一般和数量词搭配较多，如 large scale/number/quantities/sums/

① 越南语的例词引自傅成劼等编著：《越南语教程（第一册）》，北京：北京大学出版社 2005 年版。

② 蔡基刚：《英汉词汇对比研究》，上海：复旦大学出版社 2008 年版，第 201 页。

marjority/audience/proportion/amount。[①]

再看第二种情况的例子：

（1）He killed the man. 他杀了那个人。

（2）He killed the dog. 他杀了那条狗。

（3）He killed the tree by spraying it too heavily. 他给树浇了太多的水，浇死了。

（4）He kills time every day down at the park. 他天天在那边的公园消磨时光。

（5）He killed his chances of success. 他葬送了成功的机会。

（6）They killed the motion when it came from the committee. 委员会提出那个提案，他们就把它否决了。[②]

英语中的 kill 对应的义项有多个，不仅可以用于人、动物、植物，而且可以与无生命名词搭配使用，其引申义为“使毁灭”“使消失”“使失败”。而汉语中的“杀”主要用于人和动物；用于抽象事物时也仅限于“价格”“威风”“暑气”，有“减少；削弱；消除”的引申义。

四、量词搭配范围不同

量词包括名量词和动量词。有的语言中量词丰富，有的则较少。有的量词在不同的语言间可以对应，有的则无法对应。

比如印度尼西亚语里有名量词，没有动量词。汉语、印尼语名量词中均有表示人、动物、物品等东西的量词。比如汉语中表示人的有“个、位、名、口”等；表示动物的有“只、头、条、匹”等；表示物品的有“艘、张、台、间”等。在印尼语中，表示人的有“orang（个）”，表示动物的有“ekor（只、头、条、匹等）”，表示物品的有“buah（个、件、台、瓶等）”。在计量不同性状的事物方面，印尼语中，lembar 用于平薄与宽的物品，butir 用于小圆的物品，utas 用于很长的物品。另外，印尼语中名量词可以只用 orang、ekor 和 buah 这三个，或者省略不用，[③] 而汉语中则可以在口语中用“个”来代替，一般情况下不可省略。在日语里，量词“羽”用于鸟，“匹”用于昆虫和哺乳动物，“本”用于头发、笔、树、道路、公共汽车的车次，

① 蔡基刚：《英汉词汇对比研究》，上海：复旦大学出版社 2008 年版，第 200 页。

② 引自许余龙编著：《对比语言学概论》，上海：上海外语教育出版社 1992 年版，第 155 页。

③ 此段例子引自郭琳媛：《汉语、印尼语名量词比较研究》，《语文学刊》2015 年第 1 期，第 35－36 页。

“枚”用于纸、硬币、纸币、树叶、盘子、碟子、衣服，“足”用于袜子、鞋子。[①]

汉语中的专用动量词“次、趟、遍、回、下、番、顿”，在印尼语中都可意译成 kali，[②] 例如：

saya	sudah	salin	dua kali
我	已经	抄了	两遍
kami	makan	tiga kali	sehari
我们	吃饭	三次	一天[③]

汉语借用动量词翻译成印尼语时只能意译成动词，例如：看一眼（mata sekali melihat）、踢一脚（kaki sekali menendang）、吃一口（mulut sekali memakan）。[④]

英语中也有着比较丰富的量词系统。比如英语中表示集体事物的量词比汉语多，而且更复杂，常见的有 bank，band，chain，couple，crowd，dozen，flat，group，hand，heap，line，flock，mass，nest，packet，pile，plump，puff，range，round，rope，set 等。[⑤] 汉语的量词“群”对应英语的不同量词，例如：

a crowd of people　（静态的）一群人
a throng of people　（动态的）一群人
a herd of cattle　一群牛
a flock of sheep　一群羊
a pack of wolves　一群狼[⑥]

英语的量词 piece 对应汉语中的不同量词，例如：

a piece of chalk　一支粉笔
a piece of artillery　一门大炮

---

① 以上日语量词转引自孙俊：《日本留学生汉语词汇学习过程中借用母语策略研究》，《北京第二外国语学院学报》2005 年第 2 期，第 57、61 – 65 页。

② 陈惠芬：《印尼学生习得汉语动量词偏误分析》，厦门大学硕士学位论文，2013 年。

③ 这两个例子引自陈惠芬：《印尼学生习得汉语动量词偏误分析》，厦门大学硕士学位论文，2013 年。

④ 这三个例子引自陈惠芬：《印尼学生习得汉语动量词偏误分析》，厦门大学硕士学位论文，2013 年。

⑤ 李忠民：《英汉量词比较》，《山西大学学报（哲学社会科学版）》1988 年第 2 期，第 78 – 80 页。

⑥ 李忠民：《英汉量词比较》，《山西大学学报（哲学社会科学版）》1988 年第 2 期，第 78 – 80 页。

a piece of paper　一张纸
a piece of news　一条消息
a piece of land　一片土地
a piece of ribbon　一条丝带
a piece of work　一件作品
a piece of advice　一个忠告

五、词语的不完全对应

前面提到的第三、第四种词汇现象都可产生不同语言之间词语不同形式的对应，可能是一对多，即一种语言中的一个词对应另一种语言中的多个词；可能是多对多，即一种语言的多个词与另一种语言的多个词交叉对应。这里我们只谈第一种情况。比如鲁健骥曾指出，英语 thick 的不同义项分别对应“厚”“粗”“稠”“浓”“密”等。[①] 英语 time 可对应汉语的“时间”“时光”“时候”“时”。汉语的“年”“岁”在泰语中可以用ปี来表达，“高兴”“快乐”“开心”对应的则是มีความสุข；“家”（如“回家”）、“房子”对应的是บ้าน。汉语连词“和”“与”，在印尼语中对应的是 dan。汉语的否定副词“不”“没/没有”对应泰语中的ไม่，在印尼语中也只对应一个词 tidak。[②]

很多时候，一种语言的一个词和另一种语言的一个词虽然能对应上，但还是在意义或用法上有种种不同。比如汉语里的“农民”就不能用英语词 peasant 和 farmer 来简单对译，因为 peasant 有贬义，一般是指乡下人、乡巴佬，粗鲁、没教养的人；farmer 是指拥有自己的农场并经营的农民。这两个英语词很难与汉语中的“农民”在意义上吻合。family 与“家”也有差异，前者只包括丈夫、妻子和孩子，后者包括父母、子女和其他共同生活的亲属。“外国人”一词在汉语中是中性的，没有褒贬之分，而在英美国家，foreigner 往往指那些令人反感的、来自国外的人，带有不友好的意味。[③]

再比如泰语的连词กับ和และ，前一个更常用。它们可以连接名词、形容词、动

---

① 鲁健骥：《外国人学习汉语的词语偏误分析》，《语言教学与研究》1987 年第 4 期，第 122 - 132 页。

② 本章的泰语、印度尼西亚语例词经过了泰国、印度尼西亚留学生的确认，她们是具有高级汉语水平的黄秀美、王友丽。

③ 这三个例子转引自蔡基刚：《英汉词汇对比研究》，上海：复旦大学出版社 2008 年版，第 281 页。

词、短语和句子。[①] 从泰国留学生的语感来判断，既可以连接主谓结构、分句，也可以连接并列的形容词谓语、动词谓语，比汉语中的“和”受到的限制要少得多。“和”就不可以连接并列关系的主谓结构、分句，而且“连接作谓语的动词、形容词时，动、形限于单、双音节。谓语前或后必有共同的附加成分或连带成分”[②]。也就是说，并列的两个或多个动词或形容词作谓语的话，前面一定要有共同的状语，或者后面有共同的宾语或补语。

上述各种不完全对应都是汉语学习中容易引起偏误的语内因素。比如泰国留学生会说出这样的句子：

在泰国，我不有朋友。
我还不有吃饭。
我的妈妈从来没喝酒，因为她不喜欢。[③]

显然这是没有区分“不”和“没/没有”的客观性与主观性的差异，因为这种区分在泰语中是不存在的。

六、词汇语用规则不同

英语里的 you 不像汉语里的“你、您”一样有普通义和尊敬义的不同，英语母语者在使用这两个词时，就要注重区分听话人的社会地位。

汉语中的“人家”作为第一人称代词时，多为女性使用，且多对亲密之人使用，[④] 而男性一般不用。这是因为这个“人家”在使用时“稍有不满的情绪”[⑤]，或者有撒娇、羞涩的意味，这和男性的阳刚之气不相符。而英语里的 I 和 me 就没有这样的语用限制。

泰语里表示死亡的词有多个，根据动作主体的社会地位的不同，需选用不同的词。比如：普通人和动物的死亡用ตาย，此词用于非正式的场合，同时带有不尊重对

---

① 见敬峥：《泰国学生汉语词汇偏误分析与学习策略探讨》，中央民族大学硕士学位论文，2012 年。
② 吕叔湘主编：《现代汉语八百词》，北京：商务印书馆 1999 年版，第 266 页。
③ 这三个例子引自敬峥：《泰国学生汉语词汇偏误分析与学习策略探讨》，中央民族大学硕士学位论文，2012 年。
④ 王斐：《人称代词“人家”的感情色彩以及语用限制》，《现代语文（语言研究）》2013 年第 12 期，第 70－72 页。
⑤ 吕叔湘主编：《现代汉语八百词》，北京：商务印书馆 1999 年版，第 464 页。

方的意味；和尚的死亡用มรณภาพ；国王和王后的死亡用สวรรคต；王室其他成员的死亡用สิ้นพระชนม์；王室中与外国人通婚的成员的死亡用ทิวงคต，这个词也用于血统关系远但经国王授予较高地位的王室亲属的死亡。这跟汉语中的死亡表达有相似的地方，都是要考虑到主体的社会地位。

七、词汇空缺

语言之间有些词语能够找到对应的词语，有些则找不到，需要绕着弯子来表达。比如汉语里的“旗袍”“大红袍”“清明节”“黄土高原”“四合院”“压岁钱”，英语里的 Grand Canyon（科罗拉多大峡谷）、condominium［公寓（套房私有，其他地方属业主共有）］、pork barrel（分肥拨款，即议员等为争取选民而争取得到的地方建设经费）等，这些就是找不到对应词语的词汇空缺。“词汇空缺指由于各民族之间文化的差异，一种语言中表示特有事物或概念的词语或语义在另一种语言中找不到对等成分，从而形成异族文化的空缺。”①

八、词汇教学要点

（一）强化教师的汉外词汇对比知识

教师要有意识地补充、强化语言词汇的对比知识，并将其对比成果运用到教学中，预测学生可能出现的母语词汇正迁移、负迁移。比如很多语言中跟“和”相对应的词的搭配限制都很小，而“和”的搭配限制却比较突出，于是就会产生母语的负迁移。比如下面的偏误出自多种母语者。②

我们一起买衣服和吃了饭。（中级上，德国）

我的书 bao 不大和很舒适，它是灰色的。（初级，俄国）

我觉得那个中国人我认识都很好和有意思，所以今年我打算来中国。（初级下，意大利）

在中国，我很常常听音乐，我非常喜欢听俄罗斯的音乐和有时候听中国音乐。（初级，俄罗斯）

---

① 郭爱先：《词汇空缺及其可译性》，《解放军外国语学院学报》1998 年第 5 期，第 42 - 44、66 页。

② 此例引自敬峥：《泰国学生汉语词汇偏误分析与学习策略探讨》，中央民族大学硕士学位论文，2012 年。

我跟 Yuzhen 一起去买东西，每星期我去 Yuzhen 的家，我 cook 早饭，我们看电影和练习说汉语。（初级上，美国）

我的房间很大，和干净。（泰国）

教师在讲解“和”时，就要通过母语与汉语对比的方式，重点讲练其用法限制。

（二）消除学生的对等词观念

鲁健骥曾经提到：“要消除学生的对等词观念。”① 实际上，语言之间在意义上完全对应的词语是很少的，更不用说在用法上能完全对应的。所以，一方面，教师要让学生知道，语言之间词语的完全对应是很少的；另一方面，在课堂的词语讲练，教材和词典的释义、举例中，要把生词的意义和用法落到实处，而不是只给出简单的外、汉词语对应。否则，学生会简单地把某一个对应词的意义甚至用法直接类推、泛化，以代替正确的词语。比如鲁健骥提到过一个例子：有的教材用 thick 来解释“厚”，学习者往往会误以为 thick 的所有义项都和“厚”相对应，于是就出现了“这个铅笔很厚”“前边有一个厚森林”之类的偏误。② 另外，如果给出对应词，应该限制好词义，这一点在第五讲中已提到了，这里不再多说。

思考与练习

1. 下面的词语在你的母语中有没有相对应的？如果有，能不能完全对应？请具体分析：

牛、狗、龙、菊花、孔雀、饺子、桌子、沙发、野心、红、黄、绿、恭喜发财、礼尚往来。

2. 在你的母语中，数字有哪些独特的含义？

3. 在你的母语中有没有名量词、动量词？如果有，有哪些能和汉语的量词对应？哪些不能对应？能对应的有没有搭配上的不同？

4. 在你学汉语的过程中，遇到过哪些因为用母语的一个词来解释汉语的一个词而产生误导的情况？

5. 你的母语中关于“死”的词语表达有哪些？在使用上有什么限制？请你跟汉语中的相关词语比较一下。

---

① 鲁健骥：《外国人学习汉语的词语偏误分析》，《语言教学与研究》1987 年第 4 期，第 122 – 132 页。

② 鲁健骥：《外国人学习汉语的词语偏误分析》，《语言教学与研究》1987 年第 4 期，第 122 – 132 页。

6. 留学生造出“我的妈妈去年死了，我伤心极了。”这个句子时，汉语母语者会觉得虽然句子没错，但不恰当，这是为什么呢？

7. 查查英汉词典，说说下面的英汉词语对应是否恰当。

（1）repressive　严苛，残酷

（2）area　地区，区域

（3）increase　增加，增长，增强

（4）champagne　香槟酒

（5）maybe　也许，大概，可能

（6）fast　快，迅速，敏捷

课后小结

我们可以从哪些角度去分析母语与汉语词汇之间的差异，并能运用到汉语词汇教学中？

第十三讲　汉语词汇与文化及教学要点

“基层单位的<u>婆婆</u>太多，什么都要管，什么事都难办!”这句话跟“婆婆”有什么关系呢？

“大过年的，他还得加班，而且忙得<u>饺子</u>都顾不上吃。”这句话又跟“饺子”扯上了关系，为什么呢？

“骗你我就是小狗。”为什么要把“骗（人）”和“小狗”画等号呢？

表示“爸爸的哥哥”有一个称谓词，表示“爸爸的弟弟”有一个称谓词，而表示“妈妈的哥哥、弟弟”却用同一个称谓词，为什么呢？

一、文化的界定和分类

“文化”是什么？广义地看，文化是为社会成员共同拥有的生活方式和为满足这些方式而共同创造的事物，以及基于这些方式而形成的心理和行为。[①]

文化的分类有多种。下面介绍两种与汉语教学密切相关的分类。

（一）物质文化、制度文化和心理文化

邢福义在《文化语言学》中这样界定：

物质文化是指人类创造的种种物质文明。诸如生产和交通工具、武器、日用器具、服饰、居住、饮食和其他人类行为所需要的物品等。它是一种显性的文化。

制度文化是指种种制度和理论体系，诸如饮食习惯、建筑工艺、卫生管理、娱乐方式等生活制度，婚姻形式、亲属关系、家庭财产分配等家庭制度，劳动管理、艺术生产、教育、道德、风俗、宗教、礼仪、法律、政治、警察、军队等社会制度，以及有关这些制度的各种理论体系。

心理文化包括思维方式、审美情趣、宗教信仰、价值观念等。相比于物质文化和

---

① 此定义引自邢福义主编：《文化语言学（增订本）》，武汉：湖北教育出版社2000年版，第8页。

制度文化，心理文化处于更深层次上。①

这是根据文化的属性做出的分类。

（二）知识文化、交际文化

知识文化与交际文化是从实际的语言教学角度出发进行的分类。“知识文化，主要指非语言标志的、对两种不同文化背景的人进行交际时不直接产生严重影响的文化知识。它主要以物质为表现形式。如艺术品、文物、古迹、建筑等。交际文化，主要指两种文化的人进行交际时直接发生影响的言语中所蕴含的文化信息，即词、句、段中有语言轨迹的文化知识，它主要以非物质为表现形式。”②

林国立把“文化”和“对外汉语教学中的文化”区分开来，并把后者称为“文化因素”③。

这两种分类有着共通之处，都强调对外汉语教学中的文化不同于普通意义上的文化。比如：

（1）基层单位的婆婆太多，什么都要管，什么事都难办！

（2）因为是个气管炎，他在单位老是抬不起头来。

（3）每一个人，不管他是不是成功人士，都是独一无二的。

（4）大家要继续发扬龙马精神，争取更大的成绩。

（5）大过年的，他还得加班，而且忙得饺子都顾不上吃。

（1）句里，留学生很容易理解“婆婆”的意思，但要理解句中“婆婆”一词这样用的原因，就要把文化因素考虑进来。在中国的孝道文化中，婆婆在家庭中的地位高，权力大，管的事也多。因此用来喻指上级部门。（2）句中的“气管炎”即“妻管严”的谐音，是对比较听妻子的话，甘愿被妻子严管的男人的称呼。（3）句里的“他”既可指男性，又可指女性，但“她”却不能这样用。类似的还有“其他人”“他人”。（4）句的“龙”和“马”在中国文化中代表强健、精神旺盛、积极进取、奋勇向上的形象。（5）句里的“饺子”指的东西是什么也很好理解，但为什么要这样用呢？是因为饺子在北方年俗中是不可缺少的一道美食，包饺子、吃饺子是团圆的除夕夜必不可少的习俗。以上语用方式都具有文化特点。

---

① 邢福义主编：《文化语言学（增订本）》，武汉：湖北教育出版社2000年版，第9页。

② 赵贤洲：《文化差异与文化导入论略》，《语言教学与研究》1989年第1期，第76－83页。

③ 林国立：《对外汉语教学中文化因素的定性、定位与定量问题刍议》，《语言教学与研究》1996年第1期，第100－107页。

二、语言与文化的关系

语言与文化的关系是双向的，文化影响着语言，语言反过来也会影响文化。

先来看文化影响语言的例子。我们把眼光放得长远一些，不局限于现代汉语词汇范围内，可以发现，每一个时代有其独特的词汇。这就是说，词语会随着时代的产生而产生，也会随着时代的消失而消失。下面的七个例子很突出地体现了这一点：

例1：我国约在夏商时期产生了最早的货币，即用贝壳来充当的“货贝”，所以像“货、贡、资、购、赋、赎、财、贮、贪、贩、贵、贱、贷、贸、赃、贿、赂、贾、赁、赈、赊、赚、赠”等与财货有关的字都有“贝”字旁。这些字真实记录了夏商时期曾经出现的经济繁荣。

例2：上古汉民族神灵崇拜特点突出，于是在上古时期出现了一批关于神灵、祭祀的词：祜（hù）（福，大福）、礼（敬神。谓事神致福。在鼓乐声中用玉器来祭祀）、祥（亲丧的祭名。古代居父母、亲人之丧，满一年或二年而祭的统称）、祠（祭名。春祭）、祓（fú）（古代为除灾去邪而举行的祭礼）、祈（向天或神求祷）、祖（古代帝王、诸侯祭祀祖宗的庙宇）、神（天地万物的创造者和主宰者）、祚（上天赐给的福运）、祟（鬼神的祸害。古人以为想象中的鬼神常出而害人）、祷（向神祝告祈求福寿）、祧（tiāo）（祖庙；祠堂）、示（神祖牌）……

例3：进入畜牧社会，关于牲畜颜色、年龄、大小、性别的词语特别丰富。古人对鸟、猪、马、鹿、狼、羊、牛都有详细的以示区别的词语。比如《说文解字》“马”部共收录了115个字。其中与马相关的汉字54个，分辨马的性状的汉字45个，与马相关的动作的汉字11个。① 例如：

驹：少壮的骏马。
馬八：八岁的马。
骝：黑鬃黑尾的红马。
骄：马壮健。
駓：毛色黄白相杂的马，亦称“桃花马”。
冯：马快速行走。
駜：马肥壮强健。
駣：三四岁的马。
骊：纯黑色的马。
馰：额白色的马。
騋：高七尺的马。
骥：千里马，好马。
驻：车马停止。
駊：马摇头。

① 这三个数字引自李惠：《〈说文解字〉马部字研究》，辽宁师范大学硕士学位论文，2013年。

例4：进入农耕时代，有几类词语特别发达，如与金属有关的词在《说文解字》中共有197个，例如：

镣：纯美的银子。
铣：有光泽的金属。
销：熔化金属。
铄：熔化金属。
镬：无足鼎，用以煮肉及鱼腊等物。
锉：一种小锅。
铫：煮开水熬东西用的器具。
铉：举鼎器具，状如钩，铜制，用以提鼎两耳。
锭：蒸食物的有足的器具。
銎：斧子上安柄的孔。
錾：凿金石用的工具。
钱：古农具名，似今之铁铲。
锐：古兵器之一。矛属。
铎：古代乐器。青铜制。
铙：军中用以退军的乐器。青铜制。
镐：刨土的工具。

例5：汉代佛教开始传入中国，出现了一大批有关佛教的词语，有些已进入了日常词语中，例如：

僧：佛教指出家修行的人，梵语“僧伽（samgha）”的简称。

结果：佛教以种树栽花比喻人的行事，结果比喻人的归宿。用以泛指人事的最后结局。

庄严：佛教谓以福德等净化身心，有戒、三昧、智慧、陀罗尼四种庄严。

圆满：佛事完毕。

魔：“魔罗”的略称。佛教把一切扰乱身心、破坏行善、妨碍修行的心理活动均称为“魔”。

苦海：佛教指尘世间的烦恼和苦难。

执着：佛教指对某事物坚持不放，不能超脱。后泛指固执、拘泥或坚持某一意念而不肯改变。

真谛：原为佛教语，与俗谛合称为“二谛”。亦泛指最真实的意义或道理。

大慈大悲：佛教语。佛菩萨对众生广大的慈善心和怜悯心。

四大皆空：佛教称地、水、火、风为四大，认为所有物质都由四大构成，而四大又从空而生，因此世间的一切事物都是空虚的。旧时以“四大皆空”表示看破红尘。

例6：近代以来各种学科的发展，创造出了大量的学科术语。如化学术语“氖、氕、氯、氨、氮、氧、氰”等。物理学术语“原子、电子、中子、质子、核子、粒子”等。法律术语“宪法、立法权、司法权、行政权、国际公法、国际私法、领域权、治外法权、自然人、法人、主物、从物、动产、不动产、代理人、法定代理、保释”等。

例7：改革开放至今出现的词语更是代表了当今时代的特色，体现出科学的、民主的、开放的、自由的社会氛围和社会心态。比如：的士、中巴、步道、盲道、绿色公交、高速铁路、轻轨交通、运能、高架桥、电脑自行车、子弹列车、智能公路、磁悬浮列车、无轨铁路、音乐候车亭、玻璃幕墙、空间站、空中客车、航天飞机、电子词典、微博、微信、彩铃、版主、软环境、情商、家庭主夫、植发、形象大使、北漂、动漫、高清、增高鞋、网吧、精子银行、廉租房、两限房、网购、美甲、自助游、背包客等。

谐音现象是多种语言、方言都存在的语言现象。语言中有许多禁忌就跟这种谐音现象有很大关系。语言禁忌的主要目的就是趋吉避凶、趋利避害。由于谐音词容易让人们产生不好的联想，为了避免这种联想，就要改换说法。比如，沿海地区多靠打鱼为生，出海打鱼，忌讳说“翻”“住”“沉”，所以，吃鱼的时候，吃完了一侧，不说把鱼翻过来，而是说“侧过来”，或者说“转过来”“顺过来”；不说“箸”，而说“筷”，即快行、快速；把“沉”改说成“重”。苏沪一带忌讳“死”，口语中把“死”改说成［φi］，与“洗”同音，又进而忌讳“洗”，把“洗”说成“汏”或“净”。广州一带，人们把“猪舌”叫作“猪脷”，因为“舌”与“蚀”同音，经商之人忌讳蚀本，改称“猪脷”则含有月月盈利的意思；丝瓜叫作胜瓜，因为“丝”与“输”谐音。北京话“舌”与“折”同音，也有折本的不吉利的意思，因此，京津等地把猪舌称为口条。非谐音词有的也可以通过词义产生不好的联想，也要改换个说法，如粤方言忌讳“干”，广东的水资源丰富，而广州更是靠水运发达，所以“干”字不吉利，尤其是对于商人而言，“干”就是意味着没有利润。而“润”指的是有水滋润，有水有利，所以一些本来是用“干”组成的词语，都改“干”为“润”，为的是避开“干”，从而达成人们希望得到吉利的愿望。北方吃年夜饭之前，要包水饺。如果包得不好，饺子在煮的时候会破，“破”容易引起“破财”这类不好的联想，于是改说“挣”，“挣”即“挣破”之意，但它有“挣钱”的联想义。这是心理文化对语言的影响。

汉语里有一批并列式复合词内部的语素之间的排序也是由文化因素制约的。哪些因素可以影响到排序呢？人们头脑中一些根深蒂固的等级观念是一个重要的因素。这个等级是个广义的说法，不光是指阶级上的等级，只要存在轻重、大小等的差别，就可以算在内，例如：

尊卑长幼之分：帝王、亲戚、兄弟、夫妻、长幼、父子、母子、父女、母女、父兄、婆媳、妻子、妇孺、妇幼、祖孙、老幼、老少、老小、叔侄、儿孙、姐妹、师生、师徒、官兵、将士、贵贱、左右……

男女之分：父母、公婆、夫妇、夫妻、兄嫂、弟妹、子女……

大小、多少、高低、上下、主次、先后之分：枝叶、纲目、天地、乾坤、身手、骨肉、手足、手脚、眉目、姓氏、朋友、主仆、本末、公私、城乡、朝野、妻妾、军师、军团、国家、城镇、详略、斤两、长短、多少、多寡、岁月、繁简、厚薄、巨细、粗细、分秒、秦汉、汉魏、魏晋、隋唐、唐宋、明清、古今、春秋、朝暮、昼夜、旦夕、早晚、仁义、姓名、首尾、前后、衣裳、首领、头领、领袖……

好坏之分：是非、然否、利害、利弊、好坏、荣辱、优劣、甘苦、善恶、真假、真伪、恩怨、恩仇、爱憎、盛衰、兴亡、生死、存亡、安危、缓急、赏罚、奖惩、功过、功罪、美丑、成败、胜负、胜败、得失、盈亏、婚丧、吉凶、休咎（吉凶；善恶）、休戚（喜乐和忧虑。亦泛指有利的和不利的遭遇）……

语言对文化也会产生影响，例如我国北方旧有婚俗是向新婚夫妇床帐里撒枣、栗子，取谐音“早立子”。闽南方言“枣”与“早”不同音，所以为新婚夫妇撒帐时不是撒枣，而是撒花生，意为既生男又生女。还有许多日常生活中的忌讳，比如，送人礼物忌送伞与钟，新娘上门做客禁吃瓜（与“寡”同音，怕成寡妇），和亲友吃梨时不能分吃一个梨。

三、包含了文化因素的词语

（一）动物词的褒贬两极分化

动物词以狗和龙为例。狗是人类最为熟悉的。在汉语、英语中，“狗”的核心义相同，但它的文化因素截然不同。在西方，dog（狗）被认为是 man’s best friend（人类最好的朋友），这一社会心理使得 dog 一词的词义沿着褒义方向发展。如：a gay dog（快活的人）、a lucky dog（幸运儿）、love me，love my dog（爱屋及乌）、work like a dog（拼命工作）、every dog has his day（凡人皆有得意时）。可见狗在西方人心目中的地位和价值，完全与人平起平坐了。在中国文化中，“狗”是被人厌恶的东西，代表卑劣可恶的品性，因而“狗”具有明显的贬义，有很多包含“狗”的词语和俗语用于骂人。比如“走狗、疯狗、狗东西、狗杂种、狗奴才、狗腿子、狗汉奸、狗咬狗、臭狗屎、狗血喷头、狐朋狗友、狼心狗肺、狗仗人势、狗肚子装不了二两香油、狗咬吕洞宾——不识好人心”等。可见中国人把狗看作美与高尚的对立面，意为低贱、不忠诚、媚上欺下、无耻等，所以中国人在诅咒或发誓时会说：“谁撒谎谁小狗。”“骗你我就是小狗。”这与西方人大多数情况下把狗当作自己的朋友，形成了鲜明的对比。

“龙”在中国是一种虚拟出来的能兴云降雨的神异动物，也是中华民族的一种精神图腾，是中华民族的象征。封建帝王将龙作为皇权的象征，自命“真龙天子”。明代皇帝在自己的朝服上绣上五爪龙，称为“衮龙袍”，把自己的起居处叫作“龙庭”，座位叫作“龙位”，称自己的后代为“龙种”，海内外华人也把自己看作是“龙的传人”。此外还有很多词语里面包含“龙”，例如“龙飞凤舞、龙腾虎跃、望子成龙、藏龙卧虎”等。“龙”在汉语里带有强烈的积极意义，蕴含着吉祥、刚健、权威、尊贵的文化义。但在西方的神话传说中，龙（dragon）是一条酷似鳄鱼和蜥蜴的怪物。它有四足，长着翅膀，身上有鳞，拖着蛇尾，并能喷烟吐火。中世纪的 dragon 被看作罪恶的代表，这来源于圣经故事。与上帝分庭抗礼的恶魔撒旦（Satan）被称为 the great dragon，因此，西方的 dragon 代表邪恶、凶狠、残暴，常用来比喻“凶暴之徒”“魔鬼”。《牛津高阶英汉双解词典》中 dragon 的第二个义项是：“a woman who behaves in an aggressive and fightening way. 悍妇；母夜叉。”

凤凰是传说中的一种神鸟，象征“吉祥”，所以有“龙飞凤舞、龙凤呈祥、凤凰不落无宝之地”等说法。而 phoenix 也是神话中的一种鸟，在阿拉伯的沙漠中生活了五六百年后自我焚化，之后重生，所以有“再生、复活”的文化义。

猫头鹰在中国人的心目中是不祥之鸟，人们认为听到它的叫声，可能厄运就要来了。所以有“夜猫子进宅，无事不来”的说法。在英语中 owl 是智慧的象征，所以有 as wise as an owl（像猫头鹰一样聪明）的说法。

乌龟在中国古代是四灵之一。乌龟是长寿的象征，所以人们用“龟年鹤寿”“龟龄”比喻长寿。乌龟也可以比喻品德高尚的人。但大约从元代开始，乌龟的名声变坏了。元代陶宗仪在他的《南村辍耕录》里借用一首诗嘲笑一个败落的大户人家：“宅眷皆为撑目兔，舍人总作缩头龟。”① 古代民间传说，因为月亮里有一只雄兔，母兔望着月亮就能怀孕，于是用“撑目兔”来耻笑这个大户人家的女孩没有结婚就怀孕了，行为不轨，而“缩头龟”就成了侮辱这家的男人的詈语。从此，“龟”便成了侮骂别人的字眼。现代汉语中保留了“龟儿子、龟孙子、缩头乌龟”等恶毒的詈语。而“日

① 陶宗仪：《废家子孙诗》，陶宗仪：《南村辍耕录》卷二十八，济南：齐鲁书社 2007 年版，第 370 页。

本人喜欢龟，并把龟看作是吉祥、长寿的象征”①，很多日本人的名字里就包含这个“龟”字。

对于孔雀，中国人欣赏其开屏时的美丽，认为它是吉祥、美丽的化身。民间有“孔雀落谁家，谁家就兴旺”的说法。英国人强调 peacock 与人比美的高傲的一面，如 as proud as a peacock（孔雀般的骄傲）。

（二）植物词的积极评价

松树在贫瘠的地理环境中也能生存，四季常青。因此，在中国传统文化中，松树可用来比喻志行高洁的君子。唐代诗人于武陵在《赠卖松人》中说松树为“寒涧树”，象征那些“富贵不能淫，贫贱不能移，威武不能屈”的品格高洁的君子。因为松树“瘦叶几经雪，淡花应少春”，表现了一种抗拒严霜不趋炎附势的高贵品质。又因为松树千年不凋，人们用它来象征长寿，故有“福如东海长流水，寿比南山不老松”“松龄鹤寿”之说。以上诗句或俗语均表达了中国人祈求吉祥长寿的愿望。而在英语中，pine 没有这样的文化义。

中国古代气候温暖，各地盛产竹子，竹与中国传统文化有着千丝万缕的联系。中国古代人们的衣食住行中有竹笋、竹几、竹瓦、竹舆和竹茭；文化传播在很长时间内靠的是竹简。宋代大文豪苏东坡说：“宁可食无肉，不可居无竹。无肉令人瘦，无竹令人俗。”三国魏诗人阮籍等七人就号称“竹林七贤”，而唐代的李白等六人则被称为“竹溪六逸”。竹子高耸挺拔，质地坚硬，中空有节，它的特点使得它成为正直、坚贞、清雅淡泊的品格的代表。而在英语中，bamboo 一词没有相应的文化义。

梅花在寒冷的冬天开放，因而代表高洁、坚强的品格。人们常用诗句“梅花香自苦寒来”来激励人努力奋进。

（三）称谓词的文化因素

称谓词包括亲属称谓词和社会称谓词。

汉语亲属称谓词是一个庞杂的系统，它的复杂程度远远高于英语。这是因为这种称谓产生于中国古代的宗族制，这是一种以家长制为核心、以血缘关系为纽带的社会体制。在庞大的宗族里，以男性家长为中心，按照男性的血缘关系区分家族成员的远近。同时按照男尊女卑、女子从夫、长幼有序的社会伦理来区分家族成员的关系，并强调内外有别，等级分明。

同祖父不同父亲的亲属关系称为“堂兄、堂弟、堂姐、堂妹”“堂叔、堂伯、堂婶、堂姑”等；嫁进来的女方的娘家亲戚、嫁出去的女方的夫家亲戚都用“表”来指

---

① 杨德峰编著：《汉语与文化交际》，北京：北京大学出版社 1999 年版，第 74 页。

称，如“表哥、表姐、表弟、表妹”“表叔、表婶、表舅、表姨、表姑”等。这是因为“表”本来是“外边、外面”的意思，也就是说，嫁进来的、嫁出去的女性和相关的亲戚是这个宗族之外的成员。“堂”本来是指房子的正厅，同一宗族的共用一个正厅，因而用来指同祖父不同父亲的亲属关系，他们是宗族的内部成员。这就是宗族内外有别。父辈的亲属称谓要区分长幼，男性的分别称“伯”“叔”，女性的则不分长幼，统一称“姑”。父系称谓明显多于母系的，比如把母亲的兄弟称为“舅”，母亲的姐妹都称为“姨”。

而英美文化强调重视核心家庭，亲属关系淡化，不人为制造尊卑高下，法制关系在其中占有重要的位置，因此他们的亲属称谓词就要简单得多。

社会称谓词也很庞杂，特点也很鲜明。一方面，为了拉近心理距离，把部分亲属称谓词运用到家族以外，比如“大妈、大叔、老奶奶、大爷、大哥、大姐、小妹”等。另一方面，就是等级分明。比如，在行政机关、事业单位，人们习惯于称呼“部长、司长、局长、厅长、处长、科长、主任、所长”之类的，这是用一个人的职务来称呼这个人，目的是凸显对方较高的社会地位，从而抬高对方。

现实生活中也存在称谓缺失的现象。比如对男老师的妻子有专门的称谓词“师母”，但是对女老师的丈夫的称谓词却没有。再比如，“同志”长时期里是成年男女不分年龄的通用的称谓词，但近十几年来只在少数非常正式的官方场合使用，于是就出现了空缺。

（四）制约同义词选择和更替的文化因素

有些事物有多种命名，就产生了同义词。有些同义词语反映了不同阶层、政党、群体的立场和态度。

比如“下榻、住”两个词的差别就很有趣味。如果说“我昨晚下榻在华美达宾馆”，中国人一定会笑，因为这个词只能用在地位非常高的人身上，比如国家领导人等。用在普通人身上，就有开玩笑甚至挖苦的意思。可见，不同的阶层立场有时也会影响到词语的选用。同理，在美国，一般人称“警察”为 policeman 或 officer，但贫民区的男青年则用 cop、fuzz 或 the Man，他们认为这种称谓有蔑视的味道，从而表现他们与政府的对抗。①

某些同义词的替换也包含了文化因素。如：伙夫、厨子→厨师、大厨，戏子→演员，清道夫、扫大街的→清洁工、环卫工人、城市美容师，剃头的→理发师。箭头左边的都是蔑称，右边是中性的或褒奖的称呼，这些都体现了整个社会对普通的底层劳

---

① 引例引自邢福义主编：《文化语言学（增订本）》，武汉：湖北教育出版社 2000 年版，第 41 页。

动者的尊重。

（五）自谦与敬彼的词语

古人说："满招损，谦受益，时乃天道。"放到现代社会里，这句话仍然是真理。中国人的谦虚是出了名的，比如别人夸自己，自己会说："哪里，哪里。""您过奖了。""不敢当。""不值一提。""还要请您多多指教。""雕虫小技，何足挂齿。""不好意思，让您见笑了。""不好意思，我献丑了。"这些画线的词语都表自谦。类似的还有："拙见、拙文、拙著、拙稿"，用来谦虚地指自己的看法、文章、书、稿子；用"愚见"来指自己的看法；自己送的礼物是"薄礼"。这些都是谦辞。

另外，在学术论文中常见用"我们"代替"我"，比如说："我们认为……，我们发现……，我们经过研究……"在中国人看来，虽然是个人的成果，但依然要谦虚地说成是集体的成果。

自谦的目的是为了降低自己、提高对方、尊敬对方，以求交际上的和谐。

汉语中要表达对对方的恭敬，会用到敬辞。比如，如果是拿出自己的作品让别人修改，会说："敬请指正！""敬请斧正。"对方的看法叫"高见"；顾客来本店叫"光顾、光临"；称对方的家为"府上"；询问年长者的年龄时要说："您贵庚？""您今年高寿？"如果问跟自己年纪差不多或比自己小的女性的年龄，要说"芳龄几何？"；称对方的儿子为"贵子"，问对方的姓时要用"贵姓"，类似的有"贵院、贵校、贵公司"等；请对方保存自己送的书、相片等物品时写上"敬请惠存"；对方的文章、书、艺术作品叫"大作"；给人写信时末尾要加上"敬礼"；阅读对方的文章叫"拜读"；尊称对方为"大驾"，比如说"欢迎大驾光临。""这件事只好有劳大驾了。"

（六）宗族制在汉语中的泛化

宗族制重视血缘关系和亲情，同宗族的人聚集在一个地方生活，往往会形成自然的村落，现在许多村子的名字中仍然保留着宗族的姓氏，如"袁家村""张家庄""丁家村""王家村"等，看到这些村名，就能知道这个村子是由某一个姓氏的人家发展起来的。宗族制又产生了乡土观念，同宗族的人在同一乡村生活，就是"老乡"。进一步扩展，即便是没有宗族关系，如果在外省，来自同一个省的人也互为"老乡"。如果你在中国，对于生活在国外的华人、华侨，又该怎么指称呢？汉语中习惯用"海外同胞、港澳同胞、海外侨胞"。这是因为"同胞"本来是指同一父母所生的子女，我们会用"同胞"来指同一父母所生的兄弟、姐妹。后来用来指称海外华人、华侨，显然是超越了血缘关系，把他们看成是一家人。

同理，还有"兄弟院校、兄弟单位、姐妹城市、男同胞、女同胞、母校、人民子弟兵、祖国母亲、祖国的好儿女、党的好儿女、哥们儿、姐们儿”等。[①]

四、词汇教学要点

（一）对外汉语词汇教学应注重文化词语

对外汉语教学中的文化“是外国人学习和理解汉语，使用汉语与中国人打交道的时候需要掌握的那种‘文化’，是语言学习和使用过程中涉及的文化”[②]。

不是所有的带有文化因素的词语都要教给学生。顺着这个思路，我们把对外汉语教学中的文化词语界定为：含有当代文化或古今通用文化因素的、在汉语学习过程中影响到学习和交际的词语。比如前面提到的词语大多是文化词语。

（二）文化词语在对外汉语教学中的处理

首先，语言教学不等于文化教学。词汇教学中的文化教学从属于语言教学。所以在语言课上，只需讲解文化词语，其目的是借助文化义来帮助理解、运用文化词语，这是语言的交际原则决定的。

其次，不要为了讲文化词语而讲文化词语，只是遇到了某个或某组文化词语才去讲解其文化因素。比如到了中秋节就要讲“月饼”这个词，就要讲其文化因素。教学中以少数词语讲解为宜，一节课不宜讲得过多。

再次，讲解文化因素时可加入不同交际文化的对比，比如上面例句中的“您”和“哪里”背后的文化因素就是：中国人的交际方式是抬高对方，降低自己，谦虚对人。而有些国家的文化就不接受这种方式。

作为未来的对外汉语教师，要掌握一批文化词语及其阐释，现有的一批汉语学习词典可供查考，其中释义、例证、附录、插图等板块体现了大量的文化因素，例如：

【狗皮膏药】①把药膏涂在小块狗皮上的一种外用药，治疗跌打损伤或风湿有一定的效果。旧时走江湖的人常假造这种膏药来骗取钱财，因而用来比喻骗人的东西。(《留学生汉语习惯用语词典》)

【把姓倒过来】中国人历来敬重自己的祖先，姓代表了祖先。任何人都不可能把自己的姓倒过来写，因为这是对祖先的极大不敬和侮辱。把姓倒过来，表示坚决要做成某事，或对所说的事抱绝对肯定的态度。(《留学生汉语习惯用语词典》)

---

① 这一部分改写自杨德峰编著：《汉语与文化交际》，北京：北京大学出版社 1999 年版，第 40 – 42 页。

② 林国立：《对外汉语教学中文化因素的定性、定位与定量问题刍议》，《语言教学与研究》1996 年第 1 期，第 100 – 107 页。

【龙】在古代中国，龙被认为是最高权力的象征。｜中国的皇帝都把自己说成龙。｜在中国，龙被认为是一种吉祥的动物。(《商务馆学汉语词典》)

前两例在释义中体现出了文化因素，后一例是在例证中体现出了文化因素。

思考与练习

1. 根据词语在你的母语中的文化义来填写下表。

词语	汉语中的文化义	例子	母语中的文化义	例子
猪	蠢、笨，懒	蠢猪、猪脑子、你真是一头懒猪。		
熊	蠢、笨、傻，没本事	看他那个熊样儿！ 你真熊，人家打你，你就不知道还手吗？		
龙	吉祥、刚健、权威、尊贵，中华民族的图腾	龙飞凤舞、龙腾虎跃、龙的传人、亚洲四小龙		
芳龄	尊敬对方	请问小姐芳龄几何？		
过奖	谦虚	您过奖了。		
兄弟	宗族观扩大到非宗族，拉近心理距离	兄弟院校北大、清华上演抢人大战。		

2. 请找出母语中五个敬辞、五个谦辞，并拿来和汉语对比一下。

3. 请说说下列并列式合成词的语素在顺序上有什么特点？可以分成几类？请你从文化因素的角度来分析其排序的制约因素。

父母、师生、公婆、夫妇、夫妻、兄嫂、将士、哥嫂、子女、儿女、官兵、老少、姐妹、父女、师徒、母女、父兄、婆媳

4. 沿海地区多靠打鱼为生，出海打鱼，吃鱼的时候，吃完了一侧，不说把“鱼翻过来”，而是说“侧过来”，或者“转过来”“顺过来”；不说“箸”，而说“筷”；把“沉”改说成“重”。请从语言与文化的关系的角度来分析这些现象。

5. 下列词语中都含有“狗”，这些词是褒义还是贬义的？为什么？请从文化的角度来解释。

走狗、疯狗、狗东西、狗杂种、狗奴才、狗腿子、狗汉奸、狗咬狗、狐朋狗友、狼心狗肺、狗仗人势、狗皮膏药、狗咬吕洞宾——不识好人心

课后小结

文化从哪些方面影响了汉语词汇？哪些词语包含了文化因素？

第十四讲　词汇教学的原则和技巧

（1）一位老师在一次课上把同一个生词的三个中文义项同时讲给了外国留学生。

（2）一位老师在课堂上把本课学过的知识点拿来反复让学生练习、巩固。

（3）有位老师拿着这张图片告诉学生：这是饮料。

你认为以上的做法是否得当？

一、对外汉语词汇教学原则

（一）定量、定级、定序

在对外汉语词汇教学中，不是什么词都要教，而是要有选择，有数量的控制。这些词选定了以后，还要分出级别和顺序。2010 年北京语言大学出版社出版的《汉语国际教育用音节汉字词汇等级划分》，对各个级别的词汇量进行了新的研制，分别是普及化等级词汇 2 245 个，掌握了这些词语，能进行日常生活会话；中级词汇 3 211 个，掌握了 5 456 个普及化等级词汇与中级词汇，能听懂广播新闻，看懂报纸新闻，能做初级的翻译工作，并具备自学能力；高级词汇 4 175 个，高级“附录”词汇 1 461 个，掌握了高级词汇与高级“附录”词汇，能听懂电影、电视节目，看懂一般的文章，能担任中级翻译工作。[1]

如何定序，需要考虑多方面因素，遵循高频、常用优先，使用范围广的优先，学习需求度高的优先的原则。最后一条在实际操作过程中可灵活处理，比如商务汉语有特有的一套词汇，旅游汉语词汇也肯定不完全等同于通用汉语的词汇。

定量、定级、定序不仅仅针对词语而言，对于多义词的多个义项也适用，哪些义

---

① 这里的能力水平参考了吕必松的《华语教学讲习》中的论述并加以调整。吕必松：《华语教学讲习》，北京：北京语言大学出版社 1992 年版，第 92 页。

项要学，哪些义项要先学，都要有所考虑，我们可按前面提到的优先原则来安排。

（二）精讲活练

彭小川教授提出了“精讲活练”① 这个原则，并在多个场合针对词语讲练的问题提出三个要点：一是老师在课堂上不要对词义或用法讲得过多，要精讲，点明即可，也要活讲，让学生有更多的时间操练。二是操练也不是越多越好，而是要灵活处理，针对容易出问题的地方要多练习，很容易掌握的不要过多纠缠。练，也要讲究方法技巧，练习方式要灵活、多样、精到。三是操练的句、段要用多角度、多侧面的语境体现词语的意义和用法。

比如讲动词“塞”，可以先做动作，再解释“把某物放进没有多少空间的东西里”，然后再给出可以体现三种搭配的例句，而不是只给出其中某一种搭配的多个例句。例如：

我把衣服塞到柜子里了。
我往背包里塞了好多衣服。
我的行李箱里塞了好多衣服。

有些虚词不需要讲明意义，只需要给出典型例句让学生去体会就可以了。如在讲解“表示同样”的副词“也”时，我们可以展示下列例句。

她是女生。
我是女生。→我也是女生。→ 她是女生，我也是女生。
我汉语学得很好。
他汉语学得很好。→他汉语学得也很好。→我汉语学得很好，他汉语学得也很好。

再比如在讲到“视角”这个词时，我们先给出释义“名词。看问题的角度”，然后给出典型例句：

他分析问题的视角很独特。
这个小说用独特的视角来分析问题。
这部电影以普通人的视角来反映普通人的生活。

---

① 彭小川：《论“精讲活练”》，《语言教学与研究》2003 年第 1 期，第 44 – 51 页。

他看问题一向是视角独特，与众不同。

之后给出造句练习的前半部分，也就是给出可以让学生去联想、发挥的语境：

__________学生的____________________，作业太多了。
成龙的电影____________________。

再比如讲到“大开眼界”时会给出下面的例句：

今天去香港迪斯尼乐园玩了一天，真是大开眼界啦！
第一次到这么高档的商场买东西，让我大开眼界/让我眼界大开。

再如“帮忙”是一个容易出错的词，要多练习，并指出错误原因：

谢谢你的帮助。√
谢谢你的帮忙。×
谢谢你帮助我。√
谢谢你帮忙我。×

要告诉学生：第二个句子不对，是因为“帮忙”不能作名词，而“帮助”可以。第四个句子不对，是因为“帮忙”后面不能再加宾语，而“帮助”可以。

再如，学习者可能会说“非常谢谢你”。为什么一定要改用“感谢”才合乎汉语习惯呢？原因在于，“谢谢”是一个行为动词，不能用“很”类的程度副词修饰；而“感谢”是心理动词，可用程度副词修饰。

（三）语（字）与词互相为用

由于在现代汉语里词是最小的独立运用的单位，所以以前的对外汉语教学也以词为基本单位，这就是“词本位”的教学理念。由于过多地强调“词本位”，割裂了汉语的词与字、语素之间的紧密关系。

后来提出了“语素本位”，强调语素义在词语中的提示作用。这种理念是以语素为优先学，然后以语素带出同语素词语。比如先教语素“国”，然后教“中国、外国、国家、国际”等词语。

实际上，这两种理念在教学中都是必不可少的，不能孤立开来，不能绝对化，而应该结合在一起。即在词汇教学中，首先讲练要学的词语，在有了一定的词汇积累的基础上，再把词语中的语素（字）分离出来，然后以一定的义项为单位与其他学过的或没学过但常用的语素再组合，如此巩固所学的词语，并扩展新词语。也就是说，学习的起点是词语而不是语素。这里我们强调四个方面的要点：

一是要利用汉字形体本身的表意特征来提示词义。

二是利用语素与词义之间的关联性来提示词义。

三是语素（字）和词语循环上升，互相提示。

四是不是所有的词语都适用于这种方式，如有些语素义与词义没有直接关系或没有关系的就不适用了。

（四）分化知识点

同一个词语的多个常用义项涉及多种用法，就会出现多个知识点。我们要分开多个知识点教授，不要一次性把这个词语所有要讲的知识点全部讲出，如此将不利于学生理解和记忆。比如有位刚上讲台的老师把“可能”的三种用法在第一次出现时就一次性讲出了：

【可能】

（副词）［展示篮球运动员投篮的图片］这个男孩可能投进去还是不可能投进去？（可能/不可能投进去。）

（名词）我有可能参加今年的晚会。

（形容词）三口就吃完一个橘子，这是可能的。

这样讲不是不可以，但要看是在什么情况下。如果三个用法都是新的知识点，就要分开不同的时段一个一个地讲；如果只有一个知识点是新的，讲完之后同时要带出其他两个学过的知识点则是可行的。碰到类似的情况，可以先讲最常用的义项、最常见的用法，隔一段时间再讲一个，再过一段时间再把多个义项、多个用法综合起来巩固。

要辨析的同义词最好是学过的词，不要在同一个时间里拿多个生词来比较，或一新一旧来比较。比如先学了“就”，在学到“才”时也不要急于比较，最好再过一段时间，把两个词拿出来，通过比较差异点来巩固各自的意义和用法。

二、词汇教学技巧

我们在前面各讲里都涉及了一些教学技巧，这里再把其他方面的技巧提出来供大家参考。

（一）易懂易记、贴近生活

释义及操练过程中要使用浅显易懂的词、句，用学过的词语和相关知识作基础，用贴近生活的事物来比拟，营造接近真实、贴近学生日常生活的语境。如果用“兴旺”“蒸蒸日上”来解释“繁荣、繁华”，学生肯定得不到什么新信息。释义方面的例子这里不详细说了，请查看第五讲的内容。

操练时通常要呈现例句和语境，也要贴近生活，这样学生才容易理解。比如经验丰富的彭小川老师在让学生用“与其……不如”造句时，[①] 说出了一个学生生活中经常碰到的场景：百佳超市离学校很近，打的去的话，经常塞车；如果走着去，只需要十分钟，和打的去的时间差不多。于是让学生在给出前面小语境的情况下造出了下面的句子：

去百佳超市，与其打的去，不如走着去。

另外，课堂上要灵活地利用现场的各种情境来帮助学生理解、运用知识点。比如，讲“谢谢”的意义和用法时，就没有必要说“别人帮了你，你要对别人表示感谢”。最好利用现场的情境来带出。老师解答了同学的问题时，老师提醒说：“这个时候，你该说‘谢谢’。”老师还给学生笔时说：“谢谢！”“谢谢你！”再比如，老师讲到“恐怖”时，恰好外面打雷了，老师可以借用这个可怕的雷声说：“有的同学很怕打雷，他觉得雷声太恐怖了。”

易懂易记还有一个要求，就是少用或不用语言学的术语，比如“主语、谓语、修饰、限定、性质、状态”等。用这些术语的前提是学生已经掌握了相应的汉语语言学知识，否则就不要使用。

（二）例句要符合学生的需求

例句的作用是提示词义、帮助学生理解词义和词语的用法。所以要求语境一定要明确，信息要充分，要易理解、易联想、易发挥。我们来比较一下“表示在很短的时间里，很快”的“就”的例句，横线前后的语境明显有差异：

我就去。——我就去，你等我一分钟。
饭一会儿就好了。——饭一会儿就好了，再等10分钟就行了。
过两个小时飞机就起飞了。——过两个小时飞机就起飞了，你快点儿来啊。

---

① 彭小川：《论“精讲活练”》，《语言教学与研究》2003年第1期，第44－51页。

横线后面的例句要比前面的语境信息更充分，更有助于理解词义。

另外，还要注重对一些重要的文化信息的传达，尤其是在中高级阶段学习中。例如：

【春节】过春节又叫过大年｜春节是中国人最大的节日｜春节期间人们往往要互相拜年。

【称呼】以前，“同志”这个称呼很普遍，现在“先生、小姐”这类称呼流行起来了｜“师傅”在工人中是最常用的称呼。

【乌鸦】在中国，乌鸦代表不吉利｜很多人不喜欢乌鸦。

（三）适时复现学过的词语

德国心理学家赫尔曼·艾宾浩斯（H. Ebbinghaus）最先用实验方法揭示了人类遗忘过程的基本趋势，如下图所示：

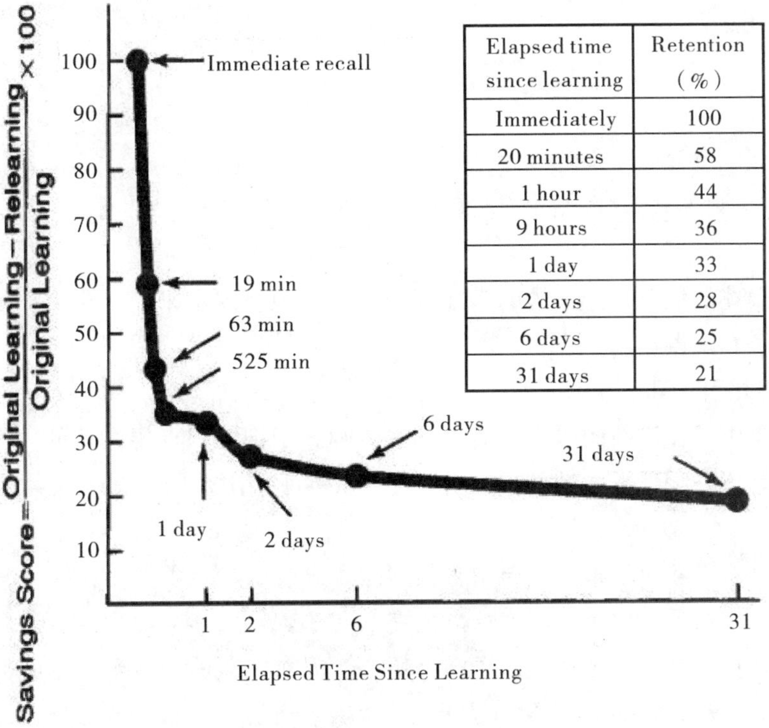

Elapsed time since learning	Retention (%)
Immediately	100
20 minutes	58
1 hour	44
9 hours	36
1 day	33
2 days	28
6 days	25
31 days	21

艾宾浩斯遗忘曲线

这个图给出的是信息记忆的量。学完了马上就回忆，将记往 100% 的信息，20 分钟之后退减到 58%，依此类推。遗忘的变化规律是：遗忘的量随时间递增；遗忘的速度是先快后慢，在记忆后的短时间内遗忘将特别迅速，然后逐渐减慢。如何减少遗忘量，是汉语词汇学习的重要任务。科学地重复和回忆，有助于形成长时记忆，减少遗忘量。根据以上遗忘过程的基本趋势，可以在刚学完生词后的较短时间里，安排较多的复习；随着时间的延长，复习次数逐步减少。比如，在一节课内第一个 20 分钟结束时安排一次重复性练习，第二个 20 分钟结束时再安排一次。下一节课同理。第二天再重复。到了一周时、一个月时再重复。

（四）词语的搭配注重形式化表述

在第七讲中我们讲到了辨析同义词时要注重形式化表达。其实不只是同义词辨析时需要这样，学习其他词语时也需要，例如：

事物 A ＋ 来源于 ＋ 事物 B、地方

事物 A／人＋ 来自／来自于 ＋ 事物 B、地方

把 A 塞到……里／里面

把 A 往……里／里面塞

往……里／里面塞 A

A＋有／没有＋B＋形容词／动作（A 是不是到了 B 的程度）

从＋人／代词＋这儿／那儿＋走／离开／去……

形式化表述的优势是把词语的搭配清晰、简洁地呈现出来，对于需要辨析的词语也能避免误解和偏误。

（五）强化引导环节

课堂教学中，在讲新的语言点时，有些老师急于把知识点要表达的内容直接摆出来。这样做好不好呢？下面的例子，讲“了”的两种用法。

第一种是：用在句子末尾或句中停顿的地方，表示变化或出现新的情况。
然后让学生以填空的方式完成句子。

第二种是：在印尼，你会说汉语吗？不会。现在，会说。→现在会说了。
9 点 40 分的时候，没下雨。现在，开始下雨。→现在下雨了。
周一到周五，爸爸很忙。周六呢？→爸爸不忙了。
“了”表示后面和前面的不一样，改变了。

然后让学生以填空的方式完成句子。

这两种做法的效果好坏是很明显的。前一种不符合学习的思维规律，难以理解，后一种循循善诱，浅显易懂。在教学中一定要根据学生的思维特点，通过一步一步的引导来帮助学生理解。

（六）课堂上尽量多设置一些趣味性环节

讲练词语时，为了活跃课堂气氛，可以把一些词源中的小故事，与教学内容有关的小笑话、小游戏、谜语等，适时、适量地加入课堂中，也可以通过老师夸张的动作、幽默的表情或对话等来传递一种快乐的情绪。比如讲什么是“瞪”时，可以用夸张地睁大双眼的表情来解释。

图片是增加课堂趣味性的很好的工具，但要注意：所使用的图片对词语的意义理解一定是有帮助的，而且是不会令人产生误解的。比如在讲“爬”的意义时，只用一张婴儿在地上爬的图片，这就把“爬”的意义窄化了，学生很可能理解为：只有婴儿的爬才是爬。所以要增加图片：爬山的、动物的。再比如讲“游”的意义时，只给出人在水里游泳的图片，学生会理解成“人在水里游才是游”。所以要增加动物在水里游的图片，这样才不会被单一的提示误导。

课堂上，老师们还可以根据学生的年龄和喜好自己设计词汇小游戏，比如用来练习词语搭配的游戏“找朋友”：

老师发给每位同学一张卡片，上面写着本课讲过的词或短语。每两位或三位同学可根据词语的内容将词语组合在一起，组成一个短语或句子。要求有适当的补充，并举着卡片大声读出来，例如：

愿望＋实现→愿望实现了

改变＋想法→改变我的想法

古老＋而＋美丽→古老而美丽

词语游戏有很多，大家可参考周健教授主编的《汉语课堂教学技巧 325 例》一书。

思考与练习

讨论下面的生词课堂讲解是否符合留学生的接受水平。是否会产生误导。

1.【还】

（1）教师：［拿出一本英文小说］这本书是玛丽借给我的，现在我要做什么？我要还给她。

（2）教师：［对一位学生说］我用一下你的笔，好吗？

学生：好的。

教师：［用完了笔，一边把笔放到学生的桌子上，一边对所有的学生说］我把笔还给小芳了。［类似的动作出现三次］明天我会把书还给小明。你们从图书馆拿出来看的书是要怎样？

教师和学生：还给图书馆。

教师：小李，你从图书馆拿出来的那本书还了吗？

小李：还了。

教师："还了"和"还给图书馆了"，这两种回答都对。

2.【好】

（1）教师："好"用在动词后，表示动作已经完成或者达到完善的程度。跟我一起读。

教师和学生：字写好了。把衣服放好。做好了就告诉我。

（2）教师：今天下午去看电影，你去不去？

学生：我去。

教师：你的电影票买了吗？

学生：买了。

教师：我还可以说："你的电影票买好了吗？"

学生：买了，买好了。

教师：小明，你的作业如果写好了今天就交给我，如果没写好，后天交。好吗？

小明：好的，老师。

教师："好"放在动词后面，表示动作怎样了呢？

学生：完成了。

教师：对。大家在学汉语，你们都在想："我"一定要如何？

学生：学好汉语。

教师：对。要学好汉语，就要学好每一门课，做好每一次作业，期末考试一定要如何？

学生：考好。

教师：说得真棒！“好”放在动词后面，还可以表示动作做得怎么样呢？

学生：做得好。

教师：对。来，大家一起说：“好”放在动词后面，表示动作已经完成或某事做得好。

3.【饮料】

（1）教师：［给出图片］这是饮料。

（2）教师：［给出图片］这是饮料。

4.【种】

（1）教师：［拿出苹果］这是苹果。［拿出香蕉］这是香蕉。这有两种水果。［拿出葡萄］这有什么？

教师和学生：这是葡萄，这有三种水果。

教师：［拿出激光笔、粉笔、毛笔、油笔］这有几种笔？

教师和学生：这有四种笔。

教师：［拿出四个苹果］这有四个苹果，不能说“四种水果”。

（2）教师：［拿出苹果、香蕉、葡萄］这有三种水果。

教师：［拿出激光笔、粉笔、毛笔、油笔］这有四种笔。

5. 【然后】

（1）教师：“吃饭前要洗手。”可以说成“我先洗手，然后吃饭”。那“我打完了电话就去睡觉了”，可以说成什么？

教师和学生：我打完了电话，然后就去睡觉了。

教师：今天我们要先做练习，然后如何？

学生：然后讲课文。

教师：［指着板书中的句子］打电话、睡觉这两个动作发生了吗？

学生：发生了。

教师：做练习和讲课文这两个动作发生了吗？

学生：没发生。

教师：对。“然后”可以用于发生了的动作，也可以用于没发生的动作。今天你们上课之后要先做什么？然后再做什么？

学生：先吃饭，然后回宿舍。

教师：昨天也是这样吗？

学生：我吃完了饭，然后去了图书馆。

（2）教师：“然后”用在后一句话的句首，或一段的开头，表示动作或情况发生后，接着发生或引起另一动作或情况。所以，“然后”是一个连词。大家明白了吗？小明，请你用“然后”造个句子。

课后小结

重点掌握对外汉语词汇教学的四条原则、六条技巧。

第十五讲　常用汉语词典简介

你知道哪些供留学生学汉语所用的汉语词典？
它们有哪些特点？

一、汉语语文词典的分类

从性质上看，汉语语文词典分为学习词典和普通词典，这两种词典有着巨大的差别。

学习词典是供语言学习阶段的人使用的，目的是通过词典给出的各种信息，不仅使学习者正确理解词义，还能使其恰当地运用词语。它的突出特点是义项少而精，概括力强；不常用的义项不收，义项按常用度列出来。释义尽量避开同义词，通俗易懂，多从学习者的认知角度出发来释义。用法的说明很简明充分，并且针对学习者的偏误而设。例证丰富多样，典型性强，并且语境信息量充分，有必要的交际文化信息说明。同义词辨析精准、实用；有语义联系的相关词语链接丰富。词条中所用到的词语均为最常用的一批词语，所用到的句子也是最容易理解的常用句。总之就是从学习者的需求角度出发来设置各种信息。

普通词典是供各种人群使用的，没有专一的对象，主要目的是提供释义。释义多用同义词，义项多按历时顺序排列。整个词条所用词语、句子没有固定的范围。很少有同义词辨析，不太涉及相关词语的链接。总之，普通词典突出的各种项目大都是简单处理。

从使用对象上看，汉语语文词典还可分为内向型词典和外向型词典。前者是针对母语为汉语的使用者来说的，后者是针对母语为非汉语的使用者来说的。内向型、外向型词典都可再分为普通词典和学习词典。内向型汉语普通词典的典型代表是《现代汉语词典》，内向型汉语学习词典的典型代表是《现代汉语学习词典》。目前，国内出版的外向型汉语词典都是以学习词典的身份出现的，其中具有代表性的是《商务馆学汉语词典》。本讲向大家介绍几部比较有典型性和参考价值的词典，同学们在实际教学中可以将之作为词语意义和用法的参考，同时也可作词汇积累的资料。

二、常用汉语词典

（一）《现代汉语词典》

《现代汉语词典》为 1956 年初版，2017 年第 7 版问世。该词典全面反映了普通话的词汇体系，兼收部分常用的专业词语、古代词语、方言词语、新词语，收词 69 000 多条，是一部中型词典。它正确体现了现代汉语词汇各个方面的规范，比如读音、书写形式、异形词、词义的范围等，是我国第一部规范性语文词典。释义准确简明，例句精当，对部分词语尤其是虚词说明了用法。这部词典在推广普通话、促进汉语规范化方面起到了积极的作用，同时它也是后来编纂的多种语文词典的释义样本。

（二）《全球华语词典》《全球华语大词典》

《全球华语词典》和《全球华语大词典》是由李宇明主编，分别于 2010、2016 年由商务印书馆出版。这两本华语词典以满足“查考的需要”为主要任务，大量收入各华语地区 20 世纪 80 年代以来相对稳定的汉语词语，方便华语地区之间的交流。每个华语地区都有一批独特的词语，即特有词语。从实用的角度讲，特有词语均为常用的，且又是交际中最大的障碍，因而特有词语是《全球华语词典》主要收录的对象，比如泰国的“象夫/象奴”（饲养、驯服大象的工人）、大陆的“机考”（在计算机上完成答题的考试）、新加坡的“射脚”（足球射门高手）、台湾地区的“九头身”（人的头部与身高的比例为 1∶9 的体型，这样的体型堪称完美）、港澳地区的“肥佬”（指考试不及格，即 fail 的粤方言译音，有一种戏谑的味道）、港澳地区的“梳化”（沙发）。其中有一部分属异名词语，如大陆、港澳地区使用的“负增长”，台湾地区使用的

“负成长”。其次是多区共有词语，如中国大陆、中国港澳台地区、泰国的“皮草”（毛皮或毛皮制品），台湾地区、日本的“尼特族”（不升学、不就业、不进修，长期依赖父母生活的年轻人）。全球共有词语不产生交际障碍，词典只是少量收录，如“促销、监理、层面、兼职”。

《全球华语大词典》是在《全球华语词典》的基础上编写的，反映了世界主要华语地区当代华语词汇的面貌，收录了华语通用词语和特有词语约 88 400 条，力求促进不同华人社区之间的交流。

（三）《现代汉语学习词典》

《现代汉语学习词典》为商务印书馆辞书研究中心编，2010 年由商务印书馆出版，收字、词条约 58 420 条。该词典是我国国内第一部真正意义上的内向型汉语学习词典，开学生“学习词典”之先河。其收词注重时代性和文化性，尽量贴近现代语言生活。释义通俗，标注词类、语类，标示名词的典型量词搭配。例证丰富实用，反映鲜活的语言实际。设“注意”栏目，提示一些特殊用法和易错字词。设“辨析”栏目，对同义词、易混词等进行辨析。设“语汇”栏目，附列逆序词，帮助扩大词汇量。设“知识窗”栏目，介绍与词语有关的知识和信息，交代某些词语的来源。部分条目配有插图，作为释文内容的补充。

试比较《现代汉语词典》与《现代汉语学习词典》的不同：

【打算】①动 考虑；计划：通盘～｜你～几时走？②名 关于行动的方向、方法等的想法；念头：在选择工作上你有什么～？

【打算】①［动］考虑；计划：他～当教师｜你得仔细～～｜你～什么时候出发？注意 ▶“打算”这样的动词只能带动词性宾语，不能带名词性宾语，如不能说“打算学校”“打算他”“打算两个”等，也不能带形容词性宾语，如不能说“打算红”“打算大”等。“打算好”是动补结构，“好”不是“打算”的宾语，而是它的结果补语。②［名］想法；念头：我先前的～看来太不现实了｜人多想法多，各有各的～。

辨析 ▶打算、企图 a)“企图”是书面语，着重指力求想办到，图谋；多用于较重要的事情。“打算”是口语，常指一般的计划、考虑。b)“企图”多含贬义，“打算”不带贬义色彩。

第一个【打算】和辨析是针对普通的母语者的，第二个【打算】和辨析是针对汉语学习阶段的母语者的，后者更详细，更容易理解和运用。

另外，该词典设“语汇”栏目以扩展词汇，比如列出了古代“朋友”一词的多种说法：布衣之交、金兰之交、君子之交、莫逆之交、贫贱之交、刎颈之交、竹马之交、总角之交……

（四）《当代汉语学习词典（初级本）》

《当代汉语学习词典（初级本）》由徐玉敏主编，2005 年北京语言大学出版社出版。主要收《汉语水平词汇与汉字等级大纲》中的甲、乙级词，共有 4 337 个条目。该词典为单语外向型汉语学习词典。其特点是主要采用“完整句释义法”，例句是词条的关键和主体部分，每个词条设 3 ~ 8 个完整句作为例证。该词典吸收西方学习词典的编纂经验，强调“应用用法上的示例引出意义”，与之前的汉语学习词典以释义为中心的编纂模式完全不同，是对汉语学习词典释义编纂模式的尝试与探索，例如：

ài 爱 1 ［动］

他 ~ 妻子，对妻子很好。Tā ~ qīzi, duì qīzi hěn hǎo.

→他对妻子有很深的感情。Tā duì qīzi yǒu hěn shēn de gǎnqíng.

［例］他第一次看见那个漂亮姑娘就 ~ 上了她。Tā dì yī cì kānjiàn nà gè piàoliang gūniang jiù ~ shang le tā. | 她对丈夫 ~ 得很深，从来没想过离开丈夫。Tā duì zhàngfu ~ de hěn shēn, cónglái méi xiǎngguo líkāi zhàngfu. | 她太 ~ 她的孩子了。Tā tài ~ tā de háizi le. | 我深深地 ~ 着我的故乡。Wǒ shēnshēn de ~ zhe wǒ de gùxiāng. | 他一生中最 ~ 的人是辛辛苦苦把他养大的母亲。Tā yìshēng zhōng zuì ~ de rén shì xīnxīnkǔkǔ bǎ tā yǎngdà de mǔqin.

所有例句“全是规范的、常用的、内容健康的、完整度充足的、无文化因素干扰的基本句”①，这种“易懂、易学、易记、易用、易‘搬家’的示例方法”② 有助于读

① 见《当代汉语学习词典》的序二，第 4 页。

② 见《当代汉语学习词典》的序二，第 4 页。

者充分吸收词典所提供的语言信息。

（五）《商务馆学汉语词典》

《商务馆学汉语词典》是由鲁健骥、吕文华主编，2006年商务印书馆出版。该词典是一部适合中等汉语水平的外国学生使用的汉语单语词典。收常用字2 400多个，词条约10 000条，显示搭配、用法的词组和例句近60 000个。该词典集详解词典、辨析词典、搭配词典、插图词典、学习词典于一身，并力求易查、易懂、易学、易用。该词典在很多方面都做出了开创性的改变，如将zh、ch、sh从z、c、s中提出，单独设部，以加快查检的速度。简洁的释义、丰富的例句能尽量贴近生活，用法说明尽量形式化、易于输出正确的表达，例如：

【水】［名］一种没有颜色，没有气味和味道的液体，0度时结成冰，1度时沸腾变成水蒸气。

【把】④［介］用在“把＋名/代＋动＋其他成分”格式里，表示确定的人或物通过动作发生了变化或产生了结果：把他送到楼上去（位置变化）｜她把书送给了弟弟（关系变化）｜把黑板擦干净了（结果）。

这部词典比较注重词语用法的提示，列出了510条带有“注意”栏目的用法提示，基本上都是母语者完全可以通过语感来体会而留学生经常用错的地方，例如：

“不碍事”一般用在对方道歉或关心时。

用“岁数”询问年龄时，只能问年纪大的人。

“日趋”后面总是跟形容词或形容词性的短语。

“尚”后的形容词多为单音节。

“最”不能用在“比”字句中。

用“被”的句子里，动词后要有其他成分。

“……之一”只用在名词的后面。

“岳母”“婆婆”一般不用作当面称呼，当面叫“妈”或“妈妈”。

“瞎子”是一种不太礼貌的说法，一般说“盲人”。

“出息”常用来说孩子和年轻人，有口语色彩。

用量词“通”时多指动作的一个过程。这类动作如果是对人的，则多是对人不利的。

“肥”，除了骂人或开玩笑外，一般不用“肥”形容人。形容人应该用“胖”。

“可以”表示能够、许可时，否定形式是“不能”；表示比较好、程度高时，没有否定形式。

“耐烦”多用于否定。

形容词“男”只能作定语。

（六）《留学生汉语习惯用语词典》

《留学生汉语习惯用语词典》由杨金华主编，2009 年上海译文出版社出版。该词典收录范围是熟语和一些半固定短语，门类较多，所以被称为“习惯用语词典”。其读者对象为中、高级汉语水平的外国学习者。其特点之一是避免过度浓缩的简缩释义，或通过对词目构成成分的说解，或增加背景介绍，或增加其他补充说明等方法，尽可能说明每一义项由词面意义或本义到实际意义的转化，例如：

【红得发紫】中国古代官位由高到低分为一品到九品。不同等级的官员穿不同颜色的官服。三品以上穿紫色官服，四品、五品穿红色官服。因此，从前人们用“红得发紫”来形容官位快要升到紫色的人。现在常指一个人获得很大的权势，或受到上级的偏爱和过分的信任，也指出了名并受人们重视或欢迎的人，特别是娱乐界和体育界走红的明星。或指获得很大的权势或受到偏爱和过分信任时多含贬义。有时可表示好运走到尽头了，离衰败不远了。

【天知道】天，这里指老天爷。~，只有老天爷才知道，才明白。用来表示对某些事情难以理解，难以弄清前因后果，难以预料，或者有委屈无法分辨。常带有感叹的意味。

另一个特点是例证的语境信息丰富，文化信息丰富，例如：

【留后路】据报道，他们为辞职的公务员留了后路，这些人日后还可以回政府机关工作｜一些有钱人想着给自己留一条后路，把孩子送到国外，或干脆到国外生孩子｜他们的后路老板都留好了，每人都买了保险，还拿到一笔安家费。

【礼多人不怪】~，出门在外，凡事多讲求礼节，这对自己有好处。

（七）《汉语教与学词典》

《汉语教与学词典》由施光亨、王绍新主编，2011 年商务印书馆出版。该词典适合汉语教师以及中级和中级以上汉语水平的外国学习者使用。收录常用词和次常用词，共收字 3 100 个，词语 3 200 余条。对成词条目和义项都标注了词性，对组成合成词的语素也进行了标注。释义通俗易懂，例句丰富。对名词列出了经常搭配的量词。该词典最大的特色是设“提示”近 2 200 条，[①] 以说明词语的用法，这个数字比其他的汉语学习词典要多出很多，而且更加详尽。比如“保险”的一个义项是“保证能办到，不会出问题”，例句后面的“提示”是“多用于人们希望的、积极的事情，如可说‘保险没问题’，不能说‘保险出问题’”。这就概括了“保险”的使用范围。再比如“‘美好’多用于生活、前途、愿望、记忆等抽象事物，不说‘公园很美好’‘他是一个美好的人’‘大厅里布置得很美好’”。“美好”的搭配范围就很清楚了。

另一个特点是提供了 740 余组词语“比较”，对留学生不易区分的同义词语进行了辨析。如“聊”和“聊天儿”的比较：a，“聊”可带宾语，如“你们在聊什么呢”。“聊天儿”后面不能再带宾语。“聊”和“聊天儿”的对象常跟“跟、和”等结合在一起作状语，如“他跟我聊了一会儿”“你和谁聊天儿呢”。b，“聊”后可带状态补语，如“聊得挺热闹的”，“聊天儿”不能。c，“聊”后可带助词“过”和“一会儿、起来”等补语，如“聊过、聊了一会儿、聊起来”。但“聊天儿”只能说“聊过天儿、聊过一会儿天儿、聊起天儿来”。

再比如“舞蹈”和“舞”的比较：“舞蹈”是艺术形式的总称，可以说“舞蹈演员”“少数民族舞蹈”。如指其中的某一种形式，常说“舞”，如“芭蕾舞、集体舞、交谊舞”。

再看“务必”和“必须”的比较：二者可互换。如表示命令或意愿时，可说“这个任务务必（必须）在三天之内完成”“我明天早上务必（必须）赶到北京”。但表示请求、邀请时，常说“务必”，如“请务必多多保重”“敬请务必光临”，一般不说“必须”。

---

① 数据引自李露露：《〈汉语教与学词典〉提示栏评析》，《现代语文（语言研究版）》2012 年第 8 期。

三、词典在教学中的应用要点

（一）不同性质的词典有不同的作用

《现代汉语词典》《现代汉语学习词典》都是中型的内向型词典，高级汉语水平的留学生可先选用《现代汉语学习词典》，如果是研究生阶段的留学生可使用《现代汉语词典》，目的在于进一步扩展词汇量。因为目前较好的外向型词典收词量都比较有限，许多常用的口语词、书面语词都没有涉及，教材也未涉及。例如：一个在暨南大学读了研究生又留在广州工作了一年的乌克兰朋友请吃饭，餐桌上她一边演示动作，一边问了一个很有启发性、代表性的问题：把几个碗放在一起，这个用什么词来表达？作为母语为汉语的人会一下子想到“摞”，这是一个口语中很常用的动词，就是“把东西重叠地往上放”。可是任何教学词表、教材、外向型学习词典都没有收入这个词，为什么？可能是因为已经有了意义范围很宽的“放”，“横着放、竖着放、几个东西一起放……”都可以用，但“摞”的意义范围窄，只能是几个东西一个一个往上放。可想而知，如果完全跟着教材学，很多常用口语词是学不到的。所以我们建议高级汉语水平的留学生要使用这两本词典。

《全球华语词典》《全球华语大词典》记录了华语地区常用的特有词语、多区共有词语。这就涉及一个与教材词汇的收录密切相关的问题，即教材收词的国别化问题。不同华语区域使用的教材应收进一批国与国、区域与区域之间有区别的华语词语，这两本词典就是一个很直接的参考。

这两本词典还有另外一个价值，由于收录了许多记录相同的事物但名称不同的异名词，比如“安装在地铁或轻轨站台边缘的安全玻璃门”在大陆叫“屏蔽门”，在新加坡叫“屏门”，在台湾地区叫“月台门”，在香港地区叫“月台幕门”。如果学生学完了汉语去新加坡工作，那他需要知道“屏蔽门”与“屏门”这两个词。普通话里的“猫眼、门镜”，在香港、澳门地区被称为“防盗镜”，在台湾地区、新加坡、马来西亚和泰国被称为“窥视镜”。可见，教学应考虑学生的语言环境与生活实际。

（二）使用时要有适当的取舍和改变

以上这些词典对于汉语教师来说都是非常重要的参考工具，尤其是在释义、例证、用法提示、同义词辨析方面，应特别值得注意吸收借鉴。但是并不是说这些词典在使用时可以完全照搬照抄，因为里面还有一些不太令人满意的地方，有许多不适合留学生认知经验和学习水平的地方，所以要用审视的眼光来看待词典的解说，要有所取舍和改造。

一方面，要根据留学生的实际情况，适当改换术语。比如上面列举的《汉语教与学词典》中“聊”和“聊天儿”的比较，就使用了许多语法学术语，对于有语言学知识的学生来说是可以接受的，但对于在此方面没有任何了解的学生则是无益的，所以要加以改造。这里以其中的 b 为例，把它改成：“聊”后可带别的词语，说明“聊”的结果怎么样，如“聊得挺热闹的”“聊得忘了时间”“聊得睡不着了”，而“聊天儿”则不能这样使用。

又如《商务馆学汉语词典》中有一例用法说明：“空荡荡”后一般要有“的”，前面不再有修饰语。我们可改成“空荡荡”后一般要有“的”，前面不能有“很、非常、太、挺”之类的词语。

另一方面，要根据学生的认知水平和经验，适当改造释义和例句。比如“空荡荡”一词在下面三本词典里是这样释义的：

《商务馆学汉语词典》：［形］没有人或东西而显得冷清：放假了，校园里～的丨所有的房间都～的，已经好久没人住过了丨老人把孩子送走，回到家里，心里觉得～的。

《现代汉语学习词典》：（～的）［形］状态词。空旷无物的样子：夏天的中午，广场上～的丨剩下我一个人在家，心里觉得～的。

《现代汉语词典》：（～的）形 状态词。①形容房屋、场地很空：同学们都回家了，教室里～的丨广场上～的，只有两三个人。②形容精神空虚，不充实：整天没事干，心里～的。

这三个释义怎么选择呢？第一、二个释义是把两种状态放在一起了，实际上是不可取的。因为在形容房屋、场地很空时，是不包含人内心感觉的，也就是说，不会因为空而心里有不好的感觉。所以第三种释义还是把两种情况分开说明为好。另外，不是说第三种释义的第二个义项可以拿来就用，因为这个义项表达得不够准确，应改为“形容心里失落、孤独、不充实”。从例句选取的角度看，这三种词典给出的例句，除了最后一个例句，其他都很通俗易懂。

思考与练习

1. 下面是不同的词典对相同的词做出的注解，请从对外汉语词汇教学的角度选择比较恰当的一项，并说明理由。

（1）【课本】　　　　（　　）

A. ［名］学生上课时使用的书：这个学期我们用新～｜请同学们翻到～的第3页｜这是我们用的汉语～。

B. 名教科书：数学～。

（2）【最好】　　　（　　）

A. 副最为适当：你～早点儿出发｜这件事你～事先通知他一声。

B. ［副］表示最理想的选择。常用于建议、劝告或希望等：老年人～少喝酒｜咱们～一起去，可以互相照顾｜明天～别下雨，我们还想去划船呢。提示：这个义项的“最好”常用在动词或动词性短语前面。

（3）【提醒】　　　（　　）

A. 动从旁指点，促使注意：我要是忘了，请你～我。

B. ［动］向有关的人指出来，以引起注意。多用于容易被忽视或忘记的事情：不是小李～我，我可能就迟到了｜我要是忘了，你～我一下｜这事儿我～过他好几次，他都满不在乎｜他～过我这件事儿，只是我顾不上｜他总～司机开车要注意安全。提示：a.“提醒”是动宾结构的离合词，中间可以插入其他成分，如“你给我提个醒儿”（这里的“醒”常儿化）。b.“提醒”的宾语一般都是指人的名词、代词，如“提醒司机（我）”；有时可有指人（在前）和指物（在后）的两个宾语，如“提醒过我这件事儿”。指人的宾语也可作后面的动词的主语（兼语），如“提醒司机开车要注意安全”。不单独带指物宾语，不说“提醒开车注意安全”。

（4）【残酷】　　　（　　）

A.（形）凶恶，非常无情。注意“残酷”多用于形容人或行为，或范围较大的抽象事物。

B.（形）凶恶，非常无情。

（5）【根本】　　　（　　）

A. ［副］自始至终；本来；从来。用于否定句。

B. ［副］自始至终；本来；从来。多用于否定句。

（6）【凡是】　　　（　　）

A. ［副］在某一范围内的全部，没有例外。提示：“凡是”只能放在主语的前面。谓语中多有“都、一律、没有不”等词语。

B. ［副］所有的；全部，都。

（7）【期间】　　　　（　　）

A. ［名］某段时间之内；进行某事的过程中。提示：“期间”前常有名词或动词构成的定语，说明是在哪段时间或进行什么活动的过程中，如“春节期间、会议期间、上大学期间”。

B. ［名］某段时间里面。

2. 如何通过释义、例证、用法说明来帮助学习者使用下列词语？

（1）……来着（你昨天晚上跟我说什么来着？）

（2）清新（下过雨之后，空气非常清新。）

（3）方便（在这里生活很方便，什么东西都能买到。）

（4）互相（他帮我，我帮他，我们互相帮助。）

（5）造成（司机因为喝了酒造成了重大的交通事故。）

（6）别（别着急，一会儿就到了。）

（7）场合（在正式的场合不要穿得太随便。）

（8）伟大（水稻之父袁隆平是伟大的科学家。）

（9）觉得（我觉得这样做不对，你觉得对不对？）

（10）公用（学生宿舍的厨房是公用的。）

课后小结

重点掌握各种常用汉语词典的特点，并根据不同的学习目的选择不同的汉语词典。

附录：参考答案

第一讲：

1.（1）D （2）C

2.（1）略。

（2）略。

（3）词：同学、老人、看见、打听、教室、啊、根本、从来、蛋炒饭、不、唉、啥、丑。自由短语：北京的春天、一家酒店、美丽的校园、许多问题、快点儿走。固定短语：三心二意、狗拿耗子——多管闲事、暨南大学。

（4）成词语素：学、写、字、动、记、飞、甜。不成词语素：习、劳、翔、力、甘、诉。

3. 略。

第二讲：

1.（1）C （2）B （3）A A （4）B

2.（1）视→视察 （2）详→详细 （3）夏→夏天、夏季 （4）简→简单

（5）启示→启事 （6）启事→启示 （7）申→申请

3. 分成三组：（1）亲人、亲朋、亲属、亲友；

（2）亲爱、亲密；

（3）亲自、亲口、亲手、亲笔、亲耳、亲眼、亲生

4. 略。

第三讲：

1.

书面语词	通用语词	口语词	书面语词	通用语词	口语词
假若	如果	要是	腹泻	/	拉肚子、拉稀
周	星期	礼拜	即刻、立即	立刻	立马、马上
/	终于	总算	/	人民	老百姓
嘲讽	嘲笑	挖苦	/	总是	老是
吝啬	/	抠门儿、小气	从事	/	做
死亡	/	死	何其	多么	多
父亲	/	爸爸、老爸	漆黑、黑暗	黑	黑咕隆咚
磋商	商量	合计	欺骗、蒙骗	/	骗、蒙、忽悠
滋事	/	闹事儿	缺少、缺乏	/	缺
昨日	昨天	昨个儿	女	女儿	闺女
期盼	期望	巴不得	/	医生	大夫
不但	不只	不光	自	自从	自打
打鼾	/	打呼噜	健壮	健康	硬朗
花蕾	/	花骨朵儿	落泪	哭	哭鼻子
估计	/	估摸	谄媚	奉承	溜须拍马
/	难怪	怪不得	完全	根本	压根儿
十分、极其	很	怪、挺	否则	不然	要不
坑害	/	坑	/	小时	钟头
喧哗	叫喊、吵闹	嚷嚷	/	认识	认得

2.（1）配偶→老公、丈夫

（2）位→个，名

（3）爸爱→父爱

（4）笑话→笑

（5）可怕→害怕

（6）不是滋味儿→不好吃

（7）删除“如雨后春笋一样”

（8）礼拜→星期

（9）一个半斤，一个八两→不相上下；旗鼓相当

（10）秘密→保密

（11）生长→成长

（12）恐怕→害怕

（13）亲切→亲近

（14）韩语的“新闻”有“报纸”的意思

（15）韩语的“先辈”指比自己年长的同学，或入职比自己早的同事

（16）伟大→大

（17）长此以往→时间长了

3. 略。

4. 第二个义项处理更恰当，因其概括力更强。

5. 略。

第四讲：

1. （1）× （2）√ （3）× （4）× （5）√ （6）× （7）×
（8）× （9）√ （10）√

2. 窗户、国家、人物、好歹、忘记、动静、安危、恩怨、质量、干净、云彩、女儿、妻子、睡觉、方便、家庭、诗歌

3. （1）～（4）与（6）的暗含内容均为括号中的部分。（5）指曾在哪些学校肄业或毕业。（7）一个作品在同一报纸或刊物上。（8）主要指床、柜、桌、椅等。

4. 比喻：鲸吞、碰钉子、鸟瞰、蜂拥、乱弹琴、蚕食、走后门、撑腰、龟缩、蛙泳、蝶泳、骨干、替罪羊、跑龙套、穿小鞋、车水马龙、急流勇退、熊心豹子胆

借代：热得快、一针一线、白宫、蓝领、茅台、红粉、白领。

5.（1）D　（2）C　（3）B　（4）A　（5）D　（6）D　（7）B

6. 略。

第五讲：

1. 略。

2.（1）指示法　（2）分解法　（3）以词释词法　（4）描绘法　（5）入境法

3.（1）发源：（河流）最开始从某个地方自然地出现；（抽象事物）从某个地方或某种事物中产生。如“事物＋发源于＋地方/事物”。

（2）分居：夫妻分开生活。

（3）英俊：（年轻男性）容貌俊秀又有精神。

（4）结婚：marry。如“A 跟 B 结婚”。

第六讲：

1. 略。

2. 略。

3. 略。

4. 顺序。

5. 略。

第七讲：

1.（1）顺利、便利　（2）坚强、坚固、坚强　（3）清澈、清晰、清澈、清晰　（4）充分、充实　（5）爱护、保护、保护/爱护　（6）服从、听从　（7）宏大、远大　（8）软弱、虚弱　（9）圆满、圆满、美满、美满　（10）达到、到达、达到、到达

2.（1）发现→发明　（2）充实→充分　（3）敏感→敏捷　（4）可惜→珍惜　（5）敏捷→敏感　（6）嫌疑→怀疑　（7）恐怕→害怕　（8）关怀→关心

（9）情不自禁→不由自主 （10）传染→传播 （11）庄严→严肃 （12）拘泥→拘谨 （13）以后→后来 （14）根据→按照 （15）后来→以后

3. 略。

第八讲：

1. 同音词现象。（1）“鱼”和“余”同音，“鹿”和“禄”同音，“钟”和“终”同音，“分梨”和“分离”同音，“碎”和“岁”同音。（2）“跌”和“爹”同音，“长”和“涨”同音。
2. （1）×，各界 （2）×，必需品 （3）√ （4）×，人才 （5）×，曝光 （6）×，工夫 （7）×，启事 （8）×，账户 （9）×，融入
3. （1）必须、必需 （2）功夫、功夫、功夫、工夫 （3）启事、启事、启示 （4）化妆、化装 （5）凡事、凡是 （6）本意、本义 （7）反应、反映 （8）过渡、过度 （9）报道、报到 （10）修养、休养 （11）包含、包涵

第九讲：

1. （1）基本词汇、一般词汇 （2）全民普遍使用、极强的历史稳定性 （3）六、固有词语、新词语、方言词语、外来词、行业词语、境外华语词语 （4）日 （5）行业 （6）粤
2. 不是外来词语的：电子邮件、电子函件、电邮、寻呼机、传呼机、呼机、计算机断层扫描。因为这些词语大部分是意译词，“电邮”则是简缩而来的自造新词。

   借形外来词：E-mail、CT 、BP 机、BB 机、Call 机

   音译兼意译外来词：伊妹儿
3. 略。
4. 略。
5. 略。
6. 略。

第十讲：

1.（1）定型、双层性大于组合性、整体 （2）弱/差 （3）直陈、双关，直陈、双关 （4）成语，谚语、歇后语、惯用语 （5）成语、谚语
2. 歇后语：（1）（13）（14）（15）（18）（20） 谚语：（2）（8）（9）（10）（12） 惯用语：（3）（4）（7）（11）（16）（17） 成语：（5）（6）（19）
3. 略。
4.（1）原→愿 （2）事→是 （3）不约而且同→不约而同 （4）痛不改前非→不痛改前非 （5）小心地翼翼→小心翼翼地 （6）宽宏大量→大量 （7）坚信不疑→坚信 （8）素不相识→不了解对方 （9）前车之鉴→吸取前车之鉴 （10）不可理喻→难以理解 （11）赞不绝口这个电影→对这个电影赞不绝口 （12）豁然开朗→突然晴了 （13）相敬如宾→感情很深 （14）岂有此理→不麻烦老师了 （15）指手画脚→耐心细致 （16）全心全意→一心一意 （17）开始歪门邪道→开始走歪门邪道 （18）这是个非同小可→这事非同小可 （19）说长道短我→说我坏话/评论我 （20）可想而知→可以想象
5.（3）（5）是直陈，其他都是双关。
6. 略。

第十一讲：

1.（1）竞相→竞争 （2）安全感、幸福感→安全、幸福 （3）熏染→熏陶 （4）反而→居然 （5）具有→有 （6）来源于→来自/来自于 （7）导致→所以 （8）当作→作为 （9）七上八下的→删除 （10）心甘情愿→希望 （11）惟妙惟肖→非常像 （12）“辞职”是动宾结构，不能再加宾语，整个句子改成“他从三星公司辞职了” （13）游手好闲→悠闲自在 （14）“以供”改为“以提供给”，在“多”后面加上“种、个”等词，变成“多种、多个” （15）莫名其妙某句子的意思→对某句子的意思感到莫名其妙 （16）总是不以为然我说的话→对我说的话总是不以为然 （17）大家都要全力以赴我们

班的运动会→为了我们班的运动会，大家都要全力以赴　（18）我无能为力她的困难→我对她的困难感到无能为力　（19）混淆了“遇见”和“遇到”，前者搭配人，后者搭配人、事物　（20）“认识”很少搭配具体的事物、地方，可改为“熟悉”　（21）“多”做定语时前面一般要有“很、非常、好、那么”等成分。在合成词或固定短语中可单独使用，如“多边形、多民族国家”　（22）“来”表示的是大约的数，接近这个数。在“数+来+度量衡量词”结构里，数词是不含个位数的整数；在“数+度量衡量词+来+形容词/名词”结构里，数词只能是个位数。此偏误句应改为“……十来米高”（23）高兴高兴→高高兴兴，前者为动词，后者为形容词　（24）优良→优秀（25）想→要，前者表达个人愿望的语气弱，后者语气坚决，常与“一定”搭配。

2. A 组为动宾式合成词，后面不能再接宾语。经常会出现后接宾语的偏误，如“他毕业华文学院了”。B 组横线前面的为可持续性动词；横线后面的为动结式合成词或动结式短语，是非持续性的。学生经常犯该用非持续性的动词而用了可持续性动词的错误，如“她听我的声音，就不哭了”。
3. 略。
4. （1）这样的回答是人为的误导，因为这两个词的意义是完全不一样的，不能简单替换。“动不动”是指容易出现某种行为或情况，而且是说话的人不希望发生的行为或情况；“经常”是指事情发生的次数多，而且间隔的时间不长。（2）“多”可解释为“to what extent”，用在疑问句中的单音节和双音节形容词前，可提问数量、程度。
5. 略。

第十二讲：

1. 略。
2. 略。
3. 略。
4. 略。
5. 略。

6. “我的妈妈去年死了，我伤心极了。”这个句子里的“死”用得不恰当，因为妈妈是长辈，是受爱戴和尊敬的人，应该用“去世”之类的词，而不宜选择用于普通人、动物、植物的“死”。
7. （1）不恰当，应加以限制，改为：（政府或法律）严苛，残酷。
（2）恰当。
（3）恰当。
（4）恰当。
（5）不恰当，应加以限制，改为：也许，大概，可能。用于不正式的说法。
（6）不恰当，应加以限制，改为：快，迅速，敏捷。用以形容高速运动的人、事物。

第十三讲：

1. 略。
2. 略。
3. 尊在前、卑在后：职位高的为尊、职位低的为卑，男为尊、女为卑，长为尊、幼为卑。
4. 谐音现象是多种语言、方言都存在的语言现象。语言中有许多禁忌就跟这种谐音现象有很大关系。语言禁忌的主要目的就是趋吉避凶、趋利避害，由于谐音词容易让人们产生不好的联想，为了避免不好的联想，就要改换说法。
5. 贬义的。狗在中国文化中的形象是低贱、无耻，所以包含“狗”的词语大多是贬义的。

第十四讲：

1. 情境（1）设置不明确，只讲不练。情境（2）使学生易懂，讲练结合。
2. 情境（1）只讲不练，无互动，太抽象，难理解。情境（2）讲练结合，在练中讲，有互动，容易理解。
3. 图（1）因给出的饮料种类多，对词义的范围限定较好。图（2）只给出了一种饮料，把词义范围缩小了。

4. 情境（1）讲练结合，在练中讲，有互动，对“种”的意义有限定。情境（2）只讲不练，无互动，并且对“种”的意义限定不明确，会产生误导，使人误解成“个”。
5. 情境（1）容易理解，讲练结合，有互动。情境（2）只有老师在讲，而且很抽象，不容易理解。

第十五讲：

1. （1）A （2）B （3）B （4）A （5）B （6）A （7）A
2. 略。

参考文献

［1］《现代汉语常用词表》课题组：《现代汉语常用词表（草案）》，北京：商务印书馆 2008 年版。

［2］蔡基刚：《英汉词汇对比研究》，上海：复旦大学出版社 2008 年版。

［3］曹炜：《现代汉语词汇研究》，北京：北京大学出版社 2004 年版。

［4］陈惠芬：《印尼学生习得汉语动量词偏误分析》，厦门大学硕士学位论文，2013 年。

［5］程裕祯：《中国文化要略》，北京：外语教学与研究出版社 1998 年版。

［6］邓耀臣、冯志伟：《词汇长度与词汇频数关系的计量语言学研究》，《外国语》2013 年第 3 期。

［7］符淮青：《现代汉语词汇》，北京：北京大学出版社 1985 年版。

［8］高燕：《对外汉语词汇教学》，上海：华东师范大学出版社 2008 年版。

［9］郭爱先：《词汇空缺及其可译性》，《解放军外国语学院学报》1998 年第 5 期。

［10］郭琳媛：《汉语、印尼语名量词比较研究》，《语文学刊》2015 年第 1 期。

［11］郭熙：《论“华语”》，《暨南大学华文学院学报》2004 年第 2 期。

［12］国家汉语水平考试委员会办公室考试中心：《汉语水平词汇与汉字等级大纲（修订本）》，北京：经济科学出版社 2001 年版。

［13］胡裕树：《现代汉语（修订本）》，上海：上海教育出版社 1991 年版。

［14］黄红娟：《汉语词汇负面义研究》，北京：社会科学文献出版社 2014 年版。

［15］杰弗里·N. 利奇著，李瑞华，等译：《语义学》，上海：上海外语教育出版社 1987 年版。

［16］敬峥：《泰国学生汉语词汇偏误分析与学习策略探讨》，中央民族大学硕士学位论文，2012 年。

［17］李大忠：《外国人学汉语语法偏误分析》，北京：北京语言大学出版社 2007 年版。

[18] 李惠:《〈说文解字〉马部字研究》，辽宁师范大学硕士学位论文，2013年。

[19] 林国立:《对外汉语教学中文化因素的定性、定位与定量问题刍议》，《语言教学与研究》1996年第1期。

[20] 李露露:《〈汉语教与学词典〉提示栏评析》，《现代语文（语言研究版）》2012年第8期。

[21] 李忠民:《英汉量词比较》，《山西大学学报（哲学社会科学版）》1988年第2期。

[22] 林杏光:《词汇语义和计算语言学》，北京：语文出版社1999年版。

[23] 刘中富:《现代汉语词汇特点初探》，《东岳论丛》2002年第6期。

[24] 鲁健骥:《中介语理论与外国人学习汉语的语音偏误分析》，《语言教学与研究》1984年第3期。

[25] 鲁健骥:《外国人学习汉语的词语偏误分析》，《语言教学与研究》1987年第4期。

[26] 陆俭明、马真:《现代汉语虚词散论》，北京：语文出版社1999年版。

[27] 吕必松:《华语教学讲习》，北京：北京语言大学出版社1992年版。

[28] 吕叔湘主编:《现代汉语八百词》，北京：商务印书馆1999年版。

[29] 马清华:《文化语义学》，南昌：江西人民出版社2000年版。

[30] 潘文国主编:《汉英语言对比概论》，北京：商务印书馆2010年版。

[31] 彭小川:《论"精讲活练"》，《语言教学与研究》2003年第1期。

[32] 彭小川、李守纪、王红:《对外汉语教学语法释疑201例》，北京：商务印书馆2016年版。

[33] 彭小川、马煜逵:《汉语作为第二语言词汇教学应有的意识与策略》，《语言文字应用》2010年第1期。

[34] 祁琳:《俄罗斯留学生汉语习得过程中语用偏误分析及对策研究》，吉林大学硕士学位论文，2010年。

[35] 全香兰:《韩语汉字词对学生习得汉语词语的影响》，《世界汉语教学》2006年第1期。

[36] 邵敬敏编著:《现代汉语通论（第二版）》，上海：上海教育出版社2013年版。

[37] 史有为:《外来词——异文化的使者》，上海：上海辞书出版社2004年版。

[38] 孙俊:《日本留学生汉语词汇学习过程中借用母语策略研究》，《北京第二外国语学院学报》2005年第2期。

［39］孙维张：《汉语熟语学》，长春：吉林教育出版社 1989 年版。

［40］谭达人：《褒贬词的判定标准问题》，《语文建设》1991 年第 5 期。

［41］王汉卫：《论对外汉语教材生词释义模式》，《语言文字应用》2009 年第 1 期。

［42］万艺玲：《汉语词汇教程》，北京：北京语言大学出版社 2013 年版。

［43］温端政：《汉语语汇学》，北京：商务印书馆 1997 年版。

［44］王斐：《人称代词“人家”的感情色彩以及语用限制》，《现代语文（语言研究）》2013 年第 12 期。

［45］向熹编著：《简明汉语史（上）》，北京：高等教育出版社 1993 年版。

［46］萧频：《印尼学生汉语中介语易混淆词研究》，北京语言大学博士学位论文，2008 年。

［47］解海江、张志毅：《谈〈现汉〉对义位褒贬陪义的标注》，《辞书研究》2003 年第 6 期。

［48］邢福义主编：《文化语言学（增订本）》，武汉：湖北教育出版社 2000 年版。

［49］邢福义主编：《现代汉语》，北京：高等教育出版社 1991 年版。

［50］邢公畹主编：《现代汉语教程》，天津：南开大学出版社 1992 年版。

［51］许余龙编著：《对比语言学概论》，上海：上海外语教育出版社 1992 年版。

［52］焉德才：《论对外汉语词汇教学过程中的“偏误预治”策略》，《云南师范大学学报（对外汉语教学与研究版）》2005 年第 6 期。

［53］杨德峰编著：《汉语与文化交际》，北京：北京大学出版社 1999 年版。

［54］詹人凤：《现代汉语语义学》，北京：商务印书馆 1997 年版。

［55］张博等：《基于中介语语料库的汉语词汇专题研究》，北京：北京大学出版社 2008 年版。

［56］张志毅、张庆云：《词汇语义学》，北京：商务印书馆 2005 年版。

［57］赵贤洲：《文化差异与文化导入论略》，《语言教学与研究》1989 年第 1 期。

［58］赵越：《英语为母语的留学生汉语中形容词的词义偏误》，《现代语文（语言研究）》2014 年第 9 期。

［59］中华人民共和国教育部、国家语言文字工作委员会：《第一批异形词整理表》，北京：语言出版社 2002 年版。

［60］中华人民共和国教育部、国家语言文字工作委员会：《第二批异形词整理表》，北京：语言出版社 2004 年版。

[61] 周健主编:《汉语课堂教学技巧 325 例》,北京:商务印书馆 2009 年版。

[62] 周荐:《论成语的经典性》,《南开学报(哲学社会科学版)》1997 年第 2 期。

[63] 周小兵、朱其智、邓小宁等:《外国人学汉语语法偏误研究》,北京:北京语言大学出版社 2015 年版。